Miriam Nilsen Morken
Tone Merete Stenkløv

Skandinavische Sommerzeit

Miriam Nilsen Morken
Tone Merete Stenkløv

Skandinavische Sommerzeit

52 selbstgemachte Lieblingsstücke

Inhalt

Vorwort	6
Dank	7
Technikschule	9
Kleine Häkelschule	9
Holzprojekte	10
Kleine Stickschule	11
Kleine Nähschule	11
So schön wird Ostern	14
Österlich geschmückter Kronleuchter	16
Ziehharmonika-Büchlein	17
Teewärmer-Küken	18
Eierwärmer-Küken	18
Eierkranz	21
Zitronenbaiser-Pie	21
Eierlegendes Huhn	22
Empfangshühner	24
Türschild und kleinere Projekte	26
Türschild	26
Kleine Herzen	26
Herzkranz aus Preiselbeerzweigen	26
Sperrholzherz	26

Es ist wieder Gartenzeit	28
Hülle für Gartenbuch	30
Hübsche Samensäckchen	30
Gerätetasche	32
Flaschenhülle	32
Praktischer Bindfadenbeutel	33
Kniekissen	34
Gartenhandschuhe	35
Herz mit Tasche	36
Herzliche Grüße (Karte)	36
Großes Vogelhaus am Stiel	37
Endlich Sommerwetter	38
Schmetterlingsdecke	40
Schmetterlingskissen	43
Vogelhaus	44
Kleines Vogelhaus am Stiel	45
Brotkorb mit Punkten	46
Sonnenschein-Brötchen	46
Geschenksäckchen	48
Tellerschmuck	48
Kleines Geschenksäckchen mit Stickerei	49
Häkeldecke mit Blüten	50
Schmetterlingskranz	52
Home sweet home (Karte)	52
Bauernschachspiel	54

Muffincafé im Garten 56
Hübsche Mädchenkleider 58
Taschen für kleine Fräuleins 60
Häkelkette und Haarschmuck 64
Sommerliche Muffins 66
Bunte Wimpel 67
Zuckertüte aus Stoff 68
Geschenkschachtel 68
Drei kleine Tragetaschen 69

Picknick am Meer 70
Strandtasche mit Geldbeutel 72
Picknickdecke 74
Picknickkorb 76
Jeanskissen 79
Besteckutensilo 80
Flaschenhülle 80
Grissini-Sack 82
Rezept für Grissini 82
Etui für Kosmetiktücher 84
Rhabarbersaft 84

Anglerglück am Strand 86
Sack für Angelausrüstung 88
Genähte Jeansfische 90
Kaninchen aus Leinen 91
Segelboote aus Treibholz 93
Angelkarte für kleine Fischer 93

Maritim und sommerlich 94
Tisch-Sets 96
Seesterne 96
Einfacher Muschelkronleuchter 98
Länglicher Brotsack 101
Miriams Sonnenblumenkernbrot 101
Gehäkelte Kissenhülle 103
Jeanstasche 104
Gehäkelte Muschelkette 109

Adressen und Bezugsquellen 111
Impressum 112

Vorwort

Viele Ideen für »Skandinavische Sommerzeit« wurden bereits während der Arbeit an unserem ersten Buch, »Skandinavische Winterzeit«, geboren. In der dunklen Jahreszeit haben wir von sommerlich leichten Stoffen und frischen Farben geträumt. Nach einem langen Winter ist es immer wieder herrlich, wenn die helleren und wärmeren Tage zurückkehren – und man die meiste Zeit im Freien verbringen kann. Darum passen auch viele unserer Modelle nach draußen. So haben wir zum Beispiel ein Kniekissen genäht oder eine Gerätetasche, in der alles Platz hat, was man braucht, um den Garten für Frühling und Sommer vorzubereiten. Dieses Mal sind auch einige Projekte für Kinder dabei: Die Mädchen haben neue, leichte Sommerkleider bekommen, hübsche Taschen, süßen Haarschmuck und einfache Halsketten. Für die Jungs haben wir einen praktischen Tragesack für ihre Angelausrüstung genäht – und gleich ein paar Fische, falls das Angelglück ihnen mal nicht hold ist. An dem Bauernschachspiel aus Stoffflicken haben Große und Kleine ihre Freude.

Viele der von uns gefertigten Modelle eignen sich wunderbar als Geschenke. Die Techniken variieren von Häkeln über Nähen bis Papeteriearbeiten, und nach den positiven Rückmeldungen zu den Rezepten in »Skandinavische Winterzeit« gibt es hier auch wieder einige unserer Lieblingsrezepte für den Sommer, unter anderem einem köstlichen Zitronenbaiser-Pie und leckere Sonnenscheinbrötchen.

Viele zieht es im Frühling und Sommer ans Wasser. Nutzen Sie die Gelegenheit, Materialien zum Basteln zu sammeln. Wir haben Ketten aus Muscheln und Segelboote aus Treibholz gebastelt, die wir beim Strandspaziergang mit unseren Kindern und Nichten und Neffen gefunden haben. Decken Sie eine maritime Tafel, laden Sie gute Freunde ein und genießen Sie gemeinsam phantastische Sommerabende.

Wir wünschen allen einen kreativen Frühling und Sommer.

Tone und Miriam

Dank

Ein herzliches Dankeschön an die Kreativ-Redaktion bei Cappelen Damm, die es uns ermöglicht hat, ein weiteres Buch zu veröffentlichen. Einen Dank auch an den Stylisten Hege Barnholt und den Fotografen Helge Eek, dass sie wieder mit uns arbeiten wollten. Kathrine aus Kathrines Quiltstube gilt ein besonderer Dank für sommerliche Stoffe und gute Ratschläge, wenn wir bei ihr waren. Dank an die netten Damen von Husfliden Oppdal für ihre guten Tipps. Und an Stoff und Stil für Stoffe und andere Materialien. Herzlichen Glückwunsch zu dem neuen Laden in Trondheim! Natürlich gebührt unseren Familien auch ein herzliches Dankeschön, dass sie uns den Rücken gestärkt haben, das neue Buch anzugehen. Dank an Ruth Marie, Iren, Rachel, Ninni und Egil, schön dass es euch gibt! Und nun noch einen dicken Dank an unsere tollen Models Sara, Linn Sophie, Emma und Bo.

Techniken

Kleine Häkelschule

Hier folgt eine kurze Übersicht und Einführung in die verschiedenen im Buch angewendeten Häkeltechniken.

LFTM = LUFTMASCHE

Lftm-Bog = Luftmaschenbogen

KETTM = KETTMASCHE

Die Nadel in die Masche stechen, den Faden mit der Nadel aufnehmen und durch die Masche und die Schlinge auf der Nadel ziehen.

FE M = FESTE MASCHE

1. Nadel von vorne durch die Masche stechen und mit der Nadel eine Fadenschlinge aufnehmen.
2. Die Schlinge durch die Masche nach vorne ziehen.
3. Eine weitere Schlinge aufnehmen und durch die beiden Schlingen auf der Nadel ziehen.

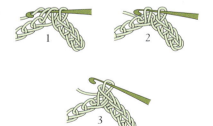

STB = STÄBCHEN

1. Arbeitsfaden einmal um die Nadel schlingen, Nadel von vorn in die Masche stechen und eine Schlinge durch diese Masche nach vorn holen.
2. Faden einmal um die Nadel schlingen und durch zwei der drei Schlingen ziehen.
3. Faden einmal um die Nadel schlingen und durch die zwei übrigen Schlingen ziehen.

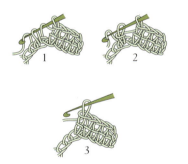

DPSTB = DOPPELSTÄBCHEN

1. Arbeitsfaden zweimal um die Nadel schlingen, Nadel durch die Masche stechen und eine Schlinge von hinten nach vorne holen.
2. Jetzt liegen vier Schlingen auf der Nadel. Faden einmal um die Nadel schlingen und durch die ersten beiden Schlingen ziehen.

3. Jetzt liegen drei Schlingen auf der Nadel. Faden einmal um die Nadel schlingen und durch die ersten beiden Schlingen ziehen.
4. Jetzt liegen noch zwei Schlingen auf der Nadel. Faden einmal um die Nadel schlingen und durch die beiden letzten Schlingen ziehen.

KREBSMASCHEN

Das sind feste Maschen, die in umgekehrter Richtung gehäkelt werden, also von links nach rechts.

1. Nadel in rechtsliegende Masche einstechen, Faden holen und nach vorne ziehen, so dass die Schlinge neben der Maschenschlinge auf der Nadel liegt.
2. Faden um Nadel schlingen und durch beide Schlingen ziehen.
3. Die beiden Arbeitsschritte bis zum Ende der Reihe wiederholen.

Holzprojekte

Wir verwenden Sperrholzplatten in 4 mm und 10 mm Dicke. Diese sind in jedem Baumarkt erhältlich. Für das Aussägen der Figuren braucht man eine Stichsäge. Die im Buch verwendeten Holzstäbe haben einen Durchmesser von 4 mm und 10 mm. Für das Verleimen von Sperrholz nehmen Sie am besten Holzleim oder eine Klebepistole.

Kleine Stickschule

Hier folgt eine Übersicht über die unterschiedlichen Stickstiche im Buch. Für die meisten Motive haben wir DMC-Stickgarn verwendet. Wenn nicht anders angegeben, haben wir zwei Fäden genommen, auf Baumwollstoffen drei Fäden.

Vorlagen für Stickmotive können mit einem Permanent Marker oder einem löslichen Stift übertragen werden, den man in Bastel- und Stoffläden bekommt. Falls die Vorlage nicht durch den Stoff zu erkennen ist, kann man die Vorlage auch mit Tesafilm an die Fensterscheibe kleben, den Stoff davorhalten und die Vorlage abzeichnen.

Auf helle Stoffe haben wir die Vorlagen mit einem Permanent Marker übertragen, einem PIGMA MICRON, 0,2 mm dick. Dicker sollte er nicht sein. Wenn es Ihnen lieber ist, können Sie auch einen löslichen Stift nehmen, damit verschwindet die Markierung nach etwa 48 Stunden.

Wenn in den Anleitungen steht, dass etwas »zusammengeheftet« werden soll, sind damit großzügige Heftstiche gemeint, die kreuz und quer über die ganze Arbeit genäht werden, damit die Lagen beim Sticken nicht verrutschen. Schreiben wir »Vorstich für Verzierung«, handelt es sich um Ziernähte.

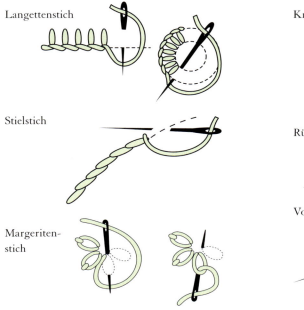

Langettenstich

Stielstich

Margeritenstich

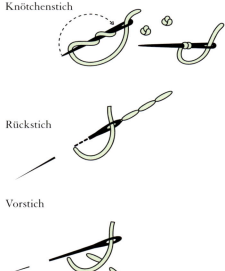

Knötchenstich

Rückstich

Vorstich

Kleine Nähschule

Alle Vorlagenmotive auf dem Schnittmusterbogen sind ohne Naht- oder Saumzugabe. Die Naht- oder Saumzugabe beträgt grundsätzlich 0,7 cm, wenn nichts anderes angegeben wird. Wenn konkrete Schnittmaße angegeben werden, fällt die Naht- oder Saumzugabe weg.

Einige Modelle, z. B. Herzen, haben gebogene Ränder oder spitze Winkel. Diese Modelle näht man am besten mit kurzer Stichlänge. Kürzen Sie nach dem Nähen die Nahtzugabe auf 3 mm und schneiden Sie ein paar Kerben in die Nahtzugabe, bevor Sie das Modell wenden.

STOFFE

Wir haben hauptsächlich leichte, sommerliche Baumwollstoffe verwendet. Für die Ränder der Spitztüten haben wir Jersey (elastischen Strickstoff) genommen. Jersey franst nicht aus und eignet sich gut für Stellen, wo es sonst schwierig ist, Säume zu nähen, zum Beispiel bei gebogenen Rändern. Für einige Modelle haben wir Jeansstoff verwendet. Hier können Sie alles verwerten, was Sie an ausgedienten Jeanshosen oder -hemden haben. Neuer Jeansstoff sollte vorm Verarbeiten gewaschen werden.

BODENECKEN

Falten Sie die Ecken so, wie auf der Zeichnung zu sehen (Seiten- und Bodennaht übereinander), und nähen Sie eine Quernaht darüber. Bei jedem Projekt im Buch ist angegeben, wie viele cm von der Spitze entfernt die Naht genäht werden soll. Schneiden Sie die Ecken vor der Naht weg und versäubern Sie die Schnittkante mit einer Zickzacknaht.

APPLIKATIONEN

Die Applikationsmotive sind auf dem Schnittmusterbogen spiegelverkehrt abgebildet. Wenn sie auf den Stoff appliziert werden, liegen sie richtig herum.

1. Zeichnen Sie das Motiv auf die Papierseite des Vliesofix.
2. Schneiden Sie die Stoffstücke großzügig aus und legen Sie die Klebeseite auf die Rückseite des gewünschten Stoffes. Aufbügeln.
3. Schneiden Sie das Motiv sorgfältig aus.
4. Entfernen Sie das Papier auf der Rückseite.
5. Platzieren Sie das Motiv an der gewünschten Stelle und bügeln Sie es fest.
6. Umsticken Sie das Motiv im Langettenstich.

Wenn mehrere Motive sich überlappen, sollten die Stoffe mindestens 5 mm übereinanderliegen. Dann genügt es, eine Naht zu nähen. Legen Sie die Teile in der richtigen Reihenfolge auf den Stoff, ehe Sie sie festbügeln.

KRÄUSELFADEN

Nähen Sie zuerst 0,5 cm von der Schnittkante eine Naht und danach eine weitere Naht 1 cm von der Schnittkante entfernt. Nähen Sie mit langen Stichen und lassen Sie an beiden Seiten lange Fadenenden stehen. Ziehen Sie an beiden Fadenenden gleichzeitig und kräuseln Sie den Stoff auf die gewünschte Breite.

BORTE

Schneiden Sie einen 5,5 cm breiten Stoffstreifen zu, falten Sie ihn der Länge nach und bügeln Sie ihn (rechte Seite außen). Legen Sie den Streifen mit der offenen Seite rechts auf rechts an die Stoffkante, die eingefasst werden soll. Beginnen Sie mit der Naht in der Mitte einer Längskante, weil es schwierig ist, den Streifen exakt über einer Ecke zu platzieren. Beginnen Sie mit der Naht ca. 5 cm vor dem Ende des Stoffstreifens. Nähen Sie mit der üblichen Nahtzugabe 0,7 cm und nähen Sie etwa 0,7 cm bis vor die nächste Ecke. Drehen Sie den Stoff so in der Maschine, dass die untere Ecke auf Sie zeigt, und nähen Sie in einem 45°-Winkel ein kleines Stück in die obere Ecke hinein (s. Abb. A).

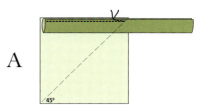

A

Falten Sie den Stoffstreifen im rechten Winkel nach oben (s. Abb. B) und dann so wieder nach unten, dass er mit der nächsten Stoffkante abschließt. Nähen Sie den Streifen bis zur nächsten Ecke an der Kante fest (Abb. C) und fahren Sie so um das einzurahmende Stück fort.

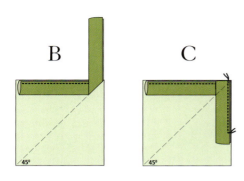

Wenn Sie die Runde geschafft haben, müssen die Streifenenden zusammengenäht werden. Beenden Sie die Naht ca. 10 cm vor der Stelle, an der Sie begonnen haben und nehmen Sie die Arbeit aus der Maschine. Legen Sie die Enden des Streifens so zusammen, dass sie aneinanderstoßen. Klappen Sie die Streifen nach hinten und drücken Sie die Kanten mit den Fingern aneinander, so weit es geht. Nähen Sie die Kanten im Knick zusammen, schneiden Sie den überschüssigen Stoff an den Streifen weg und streichen Sie den Stoff glatt. Nähen Sie das letzte Stück des Streifens fest.

Schlagen Sie den Streifen über die Kante und nähen Sie ihn mit der Hand auf der Rückseite fest. An der Ecke angekommen, wird die Kante mehr oder weniger von allein nach hinten umklappen.

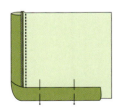 

Bei kleineren Projekten wie Spitztüten für Süßigkeiten und Küken wird die Borte folgendermaßen genäht: Den Stoffstreifen am Anfang ca. 1 cm einschlagen. Wenn man einmal um das Motiv herum genäht hat, sollten die Enden sich um ca. 1 cm überlappen.

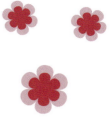

ZUSAMMENFÜGEN VON STOFFSTREIFEN

Legen Sie die Enden der Stoffstreifen so übereinander, wie in der Abb. zu sehen, und nähen Sie die Teile zusammen. Schneiden Sie überschüssigen Stoff weg und bügeln Sie die Nähte auseinander. Bügeln Sie dann die doppelt liegenden Stoffstreifen mit der rechten Seite nach außen.

SÄUME

Schlagen Sie den Stoff nach den bei den einzelnen Projekten angegebenen Maßen nach hinten und bügeln Sie den Umschlag. Schlagen Sie die Schnittkante 1 cm unter den Saum und nähen Sie die Naht dicht am Rand entlang.

VLIESOFIX

Wird verwendet, wenn ein Motiv auf einen anderen Stoff appliziert werden soll. Vliesofix hat zwei Klebeseiten. Es wird zuerst auf die Rückseite des Motivstoffs gebügelt, ehe man das Papier über der anderen Klebeseite abzieht und das Motiv einfach auf den gewünschten Stoff bügelt.

VLIESELINE

Dünnes Faservlies mit einer Klebeseite.

VOLUMENVLIES

Kräftigeres Vlies, gut geeignet für Taschen u. m. Im Buch nennen wir es darum Taschenvlies.

13

So schön wird Ostern

Der Winter ist vorbei und der Frühling im Anmarsch. Ostern und die heißersehnten freien Tage beginnen haargenau, wenn wir es nach einem langen Winter am meisten gebrauchen können. Mit der Sonne und den länger werdenden Tagen kommt die Energie zurück, da macht es besonders Spaß, neue Ideen umzusetzen, die Haus und Garten schöner machen. Eine kleine Kaffeegesellschaft (mit warmen Decken ja vielleicht sogar draußen auf der Terrasse!) mit selbstgebackenem Zitronenbaiser-Pie begeistert Familie und Freunde gleichermaßen.

Österlich geschmückter Kronleuchter

Wir haben einen Adventskerzenleuchter mit frühlingshafter Deko in einen Oster-Kronleuchter verwandelt. Als Schmuck eignen sich Herzen und Ostereier, Holzhäuschen, gläserne Anhänger und ähnliche Dinge. Schneiden Sie vier gleich lange Schnüre oder Bänder zum Aufhängen zu und knoten Sie sie in gleichmäßigen Abständen an den Stahlring des Kronleuchters. Schmücken Sie den Ring mit einem Kranz aus frischen jungen Zweigen (lassen sich gut mit dünnem Blumendraht befestigen) und hängen Sie Ihren Osterschmuck daran. Wir haben den Kronleuchter u. a. mit Eiern dekoriert, die wir mit Decoupage, Spitzenband, Perlen, Prismen und Bändern verziert haben.

Wenn Sie keinen fertigen Kerzenleuchter finden, den Sie als Kranz benutzen können, können Sie auch einfach selbst einen aus dickem Stahldraht anfertigen. Biegen Sie den Draht zu einem Kreis und schmücken Sie ihn auf die gleiche Weise wie den fertigen Kranz.

Ziehharmonika-Büchlein

Schneiden Sie zwei Quadrate 10 x 10 cm aus festem Karton für die Buchdeckel zu, dann in denselben Maßen zwei Quadrate aus Dekopapier für die äußeren Buchklappen und zwei Quadrate Dekopapier für die Innenklappen des Buches. Kleben Sie jeweils drei Quadrate für die vordere und hintere Buchklappe zusammen. Legen Sie bei beiden Teilen ein Stück Bastband zum Zuknoten zwischen die Lagen (s. Foto oben). Schneiden Sie jetzt einen oder mehrere Streifen aus kartoniertem Papier in den Maßen 9 x 27 cm zu. Den Streifen so falten, dass jede Seite 9 x 9 cm groß ist. Kleben Sie so viele Streifen zusammen, bis die »Ziehharmonika« die von Ihnen gewünschte Länge hat. Kleben Sie den Ziehharmonikastreifen zwischen die Buchdeckel. Die Bastenden so verknoten, dass sie den »Rücken« zusammenhalten. Mit einer Dokumentenklammer wird das Büchlein an der vorderen Kante zusammengehalten.

Wir haben die Vorderseite unseres kleinen Buches mit einem Paketanhänger dekoriert. Nach Wunsch ein Motiv auf den Anhänger stempeln und ein Stück Bastband in die Öse knoten und mit einem Klebepad auf den Deckel kleben.

Frühlingsverliebtheit, Schmetterlinge im Bauch, Frühjahrsputz …

Teewärmer-Küken

Die Vorlage finden Sie auf dem Schnittmusterbogen hinten im Buch.

SIE BRAUCHEN

Verschiedene Baumwollstoffe
Taschenvlies
Vlieseline
Knöpfe

Übertragen Sie das Motiv aus der Vorlage. Schneiden Sie das Küken zweimal in Stoff und zweimal in Futterstoff aus. Für die Taschen schneiden Sie zwei Stoffstücke à 18 x 29,5 cm zu, für den Hahnenkamm in unterschiedlichen Farben drei Stoffstücke à 8 x 10 cm. Dann noch ein Stück Stoff 9 x 9 cm für den Schnabel und ein Stück Stoff 5,5 x 60 cm für die Borte.

HAHNENKAMM AUS SCHLAUFEN UND FALTSCHNABEL

Nähen Sie zuerst die Schlaufen für den Hahnenkamm. Falten Sie die Ränder des Stoffstreifens in die Mitte und bügeln Sie den Streifen (s. Abb. A). Falten Sie nun den Streifen der Länge nach und nähen Sie die offene Kante zusammen (s. Abb. B). Verfahren Sie genauso mit den zwei restlichen Streifen.
Falten Sie den Schnabelstoff (s. Abb. C).

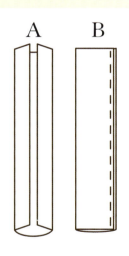

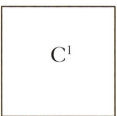

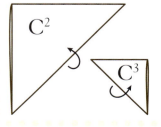

Legen Sie den Stoff für die Taschen doppelt und legen Sie ihn an den unteren Rand des Kükens an. Das Küken hat sechs Taschenfächer, drei auf jeder Seite. Nähen Sie die senkrechten Nähte so, dass jedes Fach etwa 9 cm breit ist.
Legen Sie jetzt die Stoffteile für das Küken rechts auf rechts aufeinander. Falten Sie die drei Stoffstreifen für den Hahnenkamm in der Mitte und schieben Sie sie an den markierten Stellen so weit zwischen die Stofflagen, dass sie nach dem Wenden des Kükens auf der rechten Seite ca. 3,5 cm herausragen. Schieben Sie den Schnabel bei der Markierung zwischen die Stofflagen. Legen Sie jetzt eine Lage Taschenvlies, zwei Teile Futterstoff rechts auf rechts und zum Schluss wieder eine Lage Taschenvlies auf eine linke Kükenseite. Nähen Sie alle Lagen zusammen, außer am Boden. Das Küken wenden und bügeln. Nun den Stoffstreifen für die Borte der Länge nach doppelt falten und bügeln. Die Borte wie auf S. 12 beschrieben annähen. Als Augen werden Knöpfe angenäht.

Eierwärmer-Küken

Übertragen Sie das Motiv aus der Vorlage. Schneiden Sie sechs Küken aus unterschiedlichen Stoffen zu. Für ein Küken werden zwei Teile Stoff, zwei Teile Vlieseline und zwei Teile Futterstoff benötigt. Schneiden Sie drei Stoffstreifen in unterschiedlichen Farben von 5 x 30 cm zu (reicht für sechs Küken) und ein Stück Stoff von 5,5 x 18 cm für die Borte am unteren Rand.

Nähen Sie die kleinen Eierwärmer wie das große Küken, mit dem Unterschied, dass hier Volumenvlieseline auf den Futterstoff gebügelt wird, ehe die Lagen zusammengenäht werden. Als Augen Perlen aufnähen.

Eierkranz

Schneiden Sie ca. 30 cm lange Bastbänder zu. Die Bänder so um den Strohkranz knoten, dass die Enden in alle Richtungen abstehen. Der Kranz soll schön dicht und zottelig werden. Kleben Sie die Eier fest und stutzen Sie die Bastbänder, falls sie zu lang sind.

SIE BRAUCHEN

Strohkranz
Bastband
Eier (ausgeblasen oder künstlich)

Zitronenbaiser-Pie

Verrühren Sie Margarine und Mehl 3 Sekunden in der Küchenmaschine, geben Sie die Eier dazu und mixen Sie weiter, bis der Teig sich um den Rührbesen sammelt. Wickeln Sie den Teig in Frischhaltefolie und legen Sie ihn ca. 30 Min. in den Kühlschrank. Verteilen Sie den Teig danach in einer Pie-Form (Ø 24 cm). Lassen Sie den Teig noch ein wenig ruhen, ehe Sie ihn mit der Gabel einstechen. Bei 225 °C ca. 10 Min. vorbacken.

Mischen Sie Wasser, Maismehl und Margarine in einem Topf. Unter Rühren aufkochen. Ein wenig abkühlen lassen. Eigelbe, Zucker und Zitronensaft dazugeben. Langsam zum Kochen bringen. Nehmen Sie den Topf von der Platte und geben Sie die geriebene Zitronenschale dazu. Abkühlen lassen.

Verteilen Sie die Crememasse auf dem vorgebackenen Teig. Das Eiweiß steifschlagen, Zucker und Zitronensaft dazugeben und noch etwas weiter schlagen. Spritzen Sie die Eiweißmasse auf die gelbe Cremefüllung und backen Sie den Pie ca. 15 Min. bei 150 °C, bis die Schaummasse goldgelb ist.
Der Pie wird kalt serviert.

PIE-TEIG:
300 g Mehl
100 g Margarine
1 Ei

FÜLLUNG:
300 ml Wasser
4 EL Maismehl
2 EL Margarine
3 Eigelb
150 g Zucker
Saft einer halben Zitrone
Schale einer Zitrone

BAISER:
3 Eiweiß
150 g Zucker
1 TL Zitronensaft

Eierlegendes Huhn

Legen Sie den Stoff doppelt rechts auf rechts und übertragen Sie den Körper aus der Vorlage darauf. Nähen Sie die Stofflagen an der Umrisslinie oben herum von Punkt A nach Punkt B zusammen. Wendeöffnung nicht vergessen. Die untere Naht wie folgt zusammennähen: den Stoff so rechts auf rechts legen, dass die Ränder übereinander liegen, dann die untere Naht schließen, indem Sie je 3 mm von jeder Seite beginnen und abschließen. Bügeln und wenden.

Fertigen Sie nun zwei Füße aus je drei Drähten an. Drehen Sie die drei Drahtenden für die Zehen spiralig auf. Biegen Sie die Füße so zurecht, wie in Abb. A zu sehen. Schieben Sie die Füße so weit in die 3 mm breiten Öffnungen in der Naht, bis sie etwa 5 cm lang sind und befestigen Sie sie mit ein paar Heftstichen. Füllen Sie nun das Huhn mit Watte, zuerst den Raum um die Füße, damit die oberen Drahtenden sicher im Körper stecken. Vernähen Sie die Wendeöffnung.

Legen Sie den Stoff für die Herzen rechts auf rechts, übertragen Sie das Motiv aus der Vorlage und nähen Sie die Stofflagen entlang der Umrisslinie zusammen. Wendeöffnung nicht vergessen. Füllen Sie die Herzen mit wenig Watte und vernähen Sie die Wendeöffnung. Schieben Sie einen Draht in die Spitze des größeren Herzens und das andere Ende des Drahtes in den Kopf des Huhns. Mit einigen Heftstichen befestigen. Schneiden Sie nun für den Schnabel ein Stück Stoff von 6 x 6 cm zu. Falten Sie eine Kante des Flickens 0,5 cm nach hinten ein, falten Sie dann das Stück Stoff in der Mitte rechts auf rechts. Übertragen Sie das Motiv aus der Vorlage und nähen Sie die Lagen zusammen (s. Abb. B). Nähen Sie zuerst den Schnabel und den Kinnlappen fest und zum Schluss die Augen.

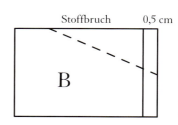

Nehmen Sie ein ausgeblasenes Ei und hängen Sie es an einem dünnen Faden unter das Huhn.

SIE BRAUCHEN

Baumwollstoff
Dünnen Draht, dicken Blumendraht
Füllwatte
Ei mit Aufhänger
Knöpfe oder Perlen für Augen

Die Vorlage finden Sie auf dem Schnittmusterbogen hinten im Buch.

Empfangshühner

Die Vorlage finden Sie auf dem Schnittmusterbogen hinten im Buch.

Übertragen Sie das Motiv aus der Vorlage. Legen Sie den Filz doppelt und den in der Vorlage mit »Stoffbruch« bezeichneten Falz an den Stoffbruch des Filzes an. Der Kreis für den Boden wird aus einer Lage Filz zugeschnitten. Schneiden Sie einen Pappkreis für den Boden aus, in den Maßen wie in der Vorlage (ohne Saumzugabe). Nähen Sie die Rückennaht zu, Wendeöffnung nicht vergessen. Wenden und den Pappkreis in den Körper schieben. Nähen Sie nun den Körper und den Bodenkreis zusammen. Diese Naht wird auf der rechten Seite genäht, ist also sichtbar. Schieben Sie den Pappkreis im Innern zurecht und füllen Sie den unteren Teil mit Granulatkügelchen oder Reis, damit der Köper unten schön schwer ist und stehen kann. Füllen Sie den Rest mit Watte auf und vernähen Sie die Wendeöffnung.

Übertragen Sie die Vorlage für die Herzen (Kamm und Kinnlappen) auf doppelt gelegten Stoff. Die Wendeöffnung nicht vergessen. Nähen Sie den Schnabel auf die gleiche Weise. Schneiden Sie die Motive mit ca. 3 mm Nahtzugabe aus. Motive wenden und mit Watte füllen. Das größere Herz wird als Hahnenkamm auf dem Kopf befestigt. Schieben Sie dafür das eine Ende eines Drahtstückes durch die Spitze in das Herz und das andere Ende oben in den Kopf des Huhns. Befestigen Sie das Herz zusätzlich mit ein paar Heftstichen um die Herzspitze. Dann den Schnabel und das andere Herz (Kinnlappen) festnähen. Zum Schluss die Augen annähen.

Malen oder schreiben Sie mit wasserfester Tinte einen Willkommensgruß auf das Sperrholzschild. Bohren Sie zwei Löcher in das Schild und binden Sie es mit einer Schnur oder Bast um den Hals des Huhns.

SIE BRAUCHEN

Wollfilz für Körper
Wollfilz für Schnabel und Kamm
Knöpfe oder Perlen für Augen
Füllwatte
Bast und Schnur
Sperrholzschild 16 x 6 cm
Pappe
Granulatkügelchen oder Reis

Türschild und kleinere Projekte

SIE BRAUCHEN

Türschild:
Sperrholzplatte 4 mm dick
Blumenstab Durchmesser 1 cm
Holzleim
Farbe
Lack
Kleine Nägel

Kleine Herzen:
Baumwollstoff oder Leinenstoff
Füllwatte
Bindfaden für Aufhänger

Preiselbeerherz:
Preiselbeerzweige
Dünner Draht
Blumendraht

Sperrholzherz:
Sperrholzplatte 4 mm dick
Schmirgelpapier
Dekopapier
Decoupagekleber und Pinsel
Distress Stempelkissen

Türschild

Übertragen Sie das Hausmotiv, den Dachgiebel und den Sockel aus der Vorlage auf eine Sperrholzplatte. Aussägen und Kanten und Flächen schmirgeln. Kleben Sie die Dachgiebel und den Sockel mit Holzleim an. Bohren Sie ein Loch (s. Vorlage) und sägen Sie ein 2,5 cm langes Stück von einem 10 mm dicken Blumenstab ab. Kleben Sie das Stück unter das Loch. Malen Sie das Türschild in der gewünschten Farbe an. Schreiben Sie einen Text mit wasserfester Tinte. Wenn das Schild im Freien hängt, sollte es mit Mattlack besprüht werden. Schlagen Sie drei Nägel in den Sockel.

Kleine Herzen

Übertragen Sie das Herzmotiv aus der Vorlage auf doppelt gelegten Stoff und nähen Sie die beiden Stofflagen entlang der Umrisslinie zusammen. Wendeöffnung nicht vergessen. Ausschneiden und kleine Kerben in die Nahtzugabe schneiden. Wenden und bügeln. Mit Füllwatte füllen und die Wendeöffnung vernähen. Ziehen Sie einen groben Bindfaden als Aufhänger durch das Herz (s. Foto).

Herzkranz aus Preiselbeerzweigen

Formen Sie aus einem Stück Draht ein Herz. Pflücken Sie Preiselbeerzweige und befestigen Sie sie mit Blumendraht an dem Drahtherz.

Sperrholzherz

Übertragen Sie das Herz aus der Vorlage auf eine 4 mm dicke Sperrholzplatte und sägen Sie es aus. Schmirgeln Sie die Kanten und die Oberfläche. Kleben Sie mit Decoupagekleber Dekopapier auf und betupfen Sie die Kanten mit einem Distress-Stempelkissen für einen antiken Touch.

Die Vorlagen finden Sie auf dem Schnittmusterbogen hinten im Buch.

Es ist wieder Gartenzeit

Wenn Ostern vorbei ist, wird es Zeit, sich auf die neue Gartensaison vorzubereiten. Wer nicht zu den Glücklichen zählt, die einen eigenen Garten haben, hat aber vielleicht wenigstens eine Terrasse oder einen Balkon. Und an einer Gerätetasche, an Gartenhandschuhen oder einem hübschen, mit Stoff bezogenen Gartenbuch hat jeder seine Freude, denn auch Balkonpflanzen wollen gepflegt werden.

Und wer kann sich schon aus dem Kopf erinnern, was im letzten Jahr in welchem Topf gepflanzt war?

Hülle für Gartenbuch

Klappen Sie das Buch auf, messen Sie die gesamte Breite und rechnen Sie 28 cm zu dem Maß dazu. Messen Sie die Buchhöhe plus 2 cm. Nähen Sie die von Ihnen ausgesuchten Stoffe in den Maßen Ihres Buches zusammen.

Verzieren Sie den Einband, wie Sie mögen. Unseren haben wir in der Mitte mit einem 7 cm breiten Stoffstreifen verziert, der den Buchrücken markiert. Den Übergang zwischen den beiden unterschiedlichen Stoffen haben wir mit einem Spitzenband und Perlmuttknöpfen verdeckt und die Frontseite mit einem Kranz aus gestickten Blumen und Knöpfen.

Wenn Sie mit dem Dekorieren fertig sind, schneiden Sie ein Stück Bügelvlies im gleichen Maß wie der Einband zu. Das Innenfutter misst Höhe und Breite des Buches plus 2 cm. Das Vlies auf die Rückseite des Einbandstoffes bügeln. Den Einband mit der rechten Seite nach oben legen und an jeder Seite 14 cm einfalten und 7 cm wieder zurück. Die Schnittkante liegt jetzt bündig an der Faltkante. Legen Sie in die Mitte des Stoffstückes eine geflochtene Schnur oder ein Band (fürs Lesezeichen). Den Futterstoff mit der rechten Seite nach unten drauflegen und an den Längskanten zusammennähen. Wenden und das Buch in den Einband schieben.

SIE BRAUCHEN

Das Buch, das bezogen werden soll
Stoff
Bügelvlies
Band
DMC Stickgarn
Knöpfe

Hübsche Samensäckchen

Schneiden Sie ein Stoffstück auf 21 x 25 cm zu. Drucken Sie das gewünschte Fotomotiv auf Iron-on Transferpapier aus und bügeln Sie das Bild auf den Stoff. Umsäumen Sie die Schnittkanten mit Zickzackstich. Den Boden und die Seiten des Säckchens zusammennähen – dabei in der Seitennaht oben 2,5 cm offen lassen. Nähen Sie für den oberen Rand einen Saum, durch den man eine Schnur ziehen kann.

SIE BRAUCHEN

Stoff 21 x 25 cm
Digitales Foto
Iron-on Transferpapier
Schnur

Gerätetasche

Schneiden Sie zwei Teile Stoff 21 x 30 cm für die Tasche zu (naturfarbenes Leinen), zwei Teile Stoff 11,5 x 21 cm für die Schmalseiten, ein Teil Stoff 11,5 x 30 cm für den Taschenboden und ein Teil 14,5 x 34,5 cm für die Außentasche (alle in geblümtem Leinen), zwei Teile Stoff 7,5 x 25 cm für die Henkel und ein Teil Stoff 6 x 79 cm für die Borte (gepunktete Baumwolle). Die Futterstoffteile werden in denselben Maßen wie der Außenstoff zugeschnitten, nur die Außentasche fällt weg. Bügeln Sie Taschenvlies auf alle Futterteile und die Henkelstreifen.

TASCHE
Schlagen Sie die obere Kante 3 cm nach hinten um und nähen Sie einen Saum wie auf S. 13 beschrieben. Schlagen Sie eine Falte in den Außentaschenteil ein und nähen Sie eine Ziernaht, wie in der nebenstehenden Abb. zu sehen. Nähen Sie die Tasche mit einer Naht zwischen den Falten auf das Vorderteil auf.

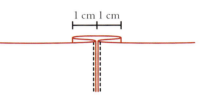

Sticken Sie einen Text und Blumen auf die obere Hälfte des Vorderteils (Zierstiche s. S.11). Auf die Seitenteile können Sie ein Band legen (s. Foto), ehe Sie sie zusammennähen. Bügeln Sie die Nahtzugaben auseinander und nähen Sie zum Schluss den Boden an. Die Teile für das Innenfutter werden auf die gleiche Weise genäht.

Legen Sie das Innenfutter links auf links in den Taschenteil. Falten Sie nun die Stoffstreifen für die Henkel längs, und nähen Sie die offene Längskante zu. Den Henkel wenden und bügeln. Falten Sie den Henkel wieder längs und nähen Sie 10 cm in der Mitte zusammen (s. Foto oben). Ebenso mit dem zweiten Henkel verfahren. Legen Sie den Stoffstreifen für die Borte doppelt und nähen Sie sie oben um den Taschenrand wie auf S. 12 beschrieben. Befestigen Sie jetzt die Henkelenden an der Innenseite der Borte im Abstand von 7 cm. Klappen Sie die Henkel nach oben und nähen Sie sie mit der Hand fest.

SIE BRAUCHEN

Leinenstoff
Baumwollstoff
Taschenvlies
Schnur
DMC Stickgarn

Flaschenhülle

Die hübsche Flaschenhülle in Frühlingsfarben ist nach der gleichen Anleitung wie die maritime Jeansvariante auf S.80 genäht.

Praktischer Bindfadenbeutel

Schneiden Sie für den Beutel ein Stück Stoff von 24 x 35 cm und ein Stück Stoff in einer anderen Farbe von 10,5 x 35 cm für den Schnürrand sowie für den Henkel von 5 x 12 cm zu. Übertragen Sie sechs Blütenblätter (Vorlage s.u.) auf ein weiteres ausreichend großes Stück Stoff und auf Vliesofix. Lesen Sie dazu den Abschnitt zu Applikationen auf S. 12. Den Stoff für den Beutel rechts auf rechts legen und die Seiten zusammennähen. Die Schnittkante mit Zickzackstich versäubern und den Beutel wenden.

Nun die Blütenblätter so auf die Tasche legen, dass sie eine Blüte ergeben und festbügeln. Mit Langettenstich um die Blütenblätter nähen. Schlagen Sie in der Mitte der Blütenblätter eine Metallöse in den Stoff. Falten Sie nun den Boden linksseitig wie einen leeren Milchkarton (s. Abb.). Nähen Sie den Boden mit einer Naht zu und versäubern Sie die Schnittkante mit einer Zickzacknaht. Den Stoff für den Aufhänger rechts auf rechts doppelt legen und die offene Seite zunähen. Wenden und bügeln. Nun den Stoff für den oberen Schnürrand doppelt legen und so nähen wie für das Geschenksäckchen auf S. 48. Vergessen Sie nicht, den Aufhänger hinten in die Mitte zwischen die Stofflagen zu legen. Jetzt noch eine Schnur durch den Tunnelsaum ziehen und die Enden mit Häkelblumen oder Perlen schmücken.

Legen Sie ein Bindfadenknäuel in den Beutel, ziehen Sie das Anfangsstück durch die Öse und hängen Sie den Beutel an eine geeignete Stelle, damit Sie bei Bedarf immer ein Stück Bindfaden zur Hand haben.

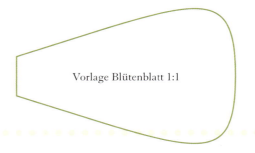

Vorlage Blütenblatt 1:1

SIE BRAUCHEN

Stoff für Beutel, für oberen Rand, für Aufhänger und für Applikation
Vliesofix
Metallöse 12 mm
Schnur
Bindfadenknäuel

Kniekissen

SIE BRAUCHEN

Gewachsten Stoff
Verschiedene Baumwollstoffe
Bügelvlies
Reißverschluss, 40 cm
Stickgarn
Schaumgummi 46 x 23,5 cm

Schneiden Sie zwei Teile gewachsten Stoff 52,5 x 29 cm für das Kissen zu, außerdem je ein Stück geblümten Baumwollstoff und Bügelvlies à 26 x 35 cm.

Das Vlies auf den Baumwollstoff bügeln und mit Nadeln auf ein Stoffstück für das Kniekissen anstecken. Mit Zickzacksaum auf den gewachsten Stoff nähen und mit der Nähmaschine diagonale Nähte in beide Richtungen quilten. Wir haben ein Luftmaschenband gehäkelt und mit der Hand über den Zickzacksaum geheftet. Man kann stattdessen auch eine hübsche Zierborte nehmen. Nähen Sie die Teile für das Kissen an einer Kurzseite zusammen.

TRAGEGRIFF

Schneiden Sie drei Stoffstreifen à 5 x 40 cm in Kontrastfarben für den geflochtenen Griff zu. Alle Streifen der Länge nach falten und an der offenen Längsseite zusammennähen, wenden und bügeln. Nun bei jedem Streifen je eine Steppnaht entlang der Längskante nähen und einen 23 cm langen Zopf flechten. Schneiden Sie zwei Stoffstücke 4,5 x 9 cm zu, um den Griff zu befestigen. Falten Sie das Stoffstück in der Mitte auf 4,5 x 4,5 cm. Nähen Sie zwei Seiten zusammen (s. Abb. A). Wenden und die Schnittkanten 1 cm nach innen bügeln. Schieben Sie das eine Ende des Zopfes zwischen die Stofflagen. Jetzt nähen Sie den Griff über der Naht des Kissenteiles an (s. Abb. B).

REISSVERSCHLUSS

Nähen Sie Endstücke aus Stoff an den Reißverschluss. Dazu schneiden Sie zwei Stoffstücke in der doppelten Breite des Reißverschlusses plus 1,5 cm zu. Berechnen Sie die Stoffenden so, dass der Reißverschluss plus Stoffenden 48 cm lang ist. Legen Sie die Endstücke doppelt und nähen Sie sie zu einem Ring zusammen. Die Nahtzugabe so auseinanderbügeln, dass die Naht in der Mitte liegt. Schieben Sie nun den Reißverschluss so in das Endstück, dass die Rückseite des Reißverschlusses unter der Naht liegt (s. Abb. C). Nähen Sie den Reißverschluss und beide Endstücke zusammen. Die Endstücke auf rechts wenden und bügeln (s. Abb. D).

Nähen Sie den Reißverschluss in eine Längsseite des Kissens. Dann die zwei noch ausstehenden Seiten zusammennähen. Alle Schnittkanten mit Zickzacksaum versäubern.

Falten Sie die Ecken wie auf S. 13 beschrieben. Nähen Sie 3 cm von der Spitze eine Quernaht (sollte 5 cm lang sein). Schneiden Sie die Spitze vor der Naht weg und versäubern Sie die Schnittkante mit Zickzackstich. Ziehen Sie den Kissenbezug über das Schaumgummi.

SIE BRAUCHEN

Garten- oder Gummi-
handschuhe
Stoff
Band

Gartenhandschuhe

*Die Vorlage finden Sie auf dem Schnitt-
musterbogen hinten im Buch.*

Für ein Paar Handschuhe vier Stoffteile nach der Vorlage auf dem Schnittmusterbogen ausschneiden und jeweils zwei Teile rechts auf rechts aufeinanderlegen. Die Seitennähte nähen, gern mit einem gefalteten Bandetikett als Dekor in der Naht, wie auf dem Foto auf S. 31 zu sehen. Versäubern Sie die Schnittkanten mit Zickzackstich. Ziehen Sie den Schaft mit der rechten Seite innen außen über den Handschuh. Nähen Sie Schaft und Handschuh am oberen Rand zusammen und versäubern Sie die Schnittkante. Den Schaft wenden und ca. 3 mm vom unteren Stoffrand eine Steppnaht nähen. Am oberen Rand 3 cm nach innen umschlagen und bügeln. Die Schnittkante 1 cm in den Saum einschlagen und noch einmal bügeln. Befestigen Sie den Saum mit einer Naht unmittelbar an der oberen Kante und mit 5 mm Abstand eine Parallelnaht. Falls die gekauften Handschuhe zu lang sein sollten, ist es ratsam, sie vorm Annähen des Schaftes ein paar Zentimeter zu kürzen.

Die Vorlage finden Sie auf dem Schnittmusterbogen hinten im Buch.

Herz mit Tasche

Schneiden Sie das Herz in zwei verschiedenen Stoffen nach dem Maß in der Vorlage aus. Für die Tasche brauchen Sie einen 11,5 x 14 cm großen Stoffflicken. Den oberen Rand der Tasche 3 cm nach hinten bügeln und einen Saum nähen (s. S. 13) Die Seitenränder und den unteren Rand 1 cm nach hinten bügeln und mit groben Heftstichen und Kreuzstichen den Rand umnähen. Legen Sie die Tasche auf den vorderen Herzstoff und nähen Sie sie randnah auf den Stoff. Die beiden Herzteile rechts auf rechts aufeinanderlegen und zusammennähen. Wendeöffnung nicht vergessen. Das Herz wenden und bügeln, mit Watte füllen und die Wendeöffnung vernähen. Zum Aufhängen ein Band oder einen Bindfaden befestigen.

SIE BRAUCHEN

Stoff/Leinen
Band
Füllwatte

Herzliche Grüße …

Schneiden Sie kartoniertes Papier auf 7,5 x 25 cm (oder für die schmalere Variante links 6 x 24 cm) zu, dann Dekopapier auf 6,5 x 8,5 cm (bzw. für die schmalere Variante 5 x 9 cm). Schneiden Sie eine Seite des Kartons spitz zu (s. Foto). Falten Sie die Karte so, dass die Spitze ein klein wenig über das Rückenteil hinausragt. Kennzeichnen Sie je 1 cm und 2 cm von der unteren Rückseitenkante auf beiden Seiten der Spitze mit einem kleinen Punkt. Schneiden Sie mit einem Pappmesser o.Ä. jeweils von Punkt zu Punkt einen Schnitt in die Rückwand. Kleben Sie das Dekopapier auf die Vorderseite der Karte. Schneiden Sie ein Herz aus, wickeln Sie etwas Bast darum und kleben Sie es auf die Karte. Herz und Karte wurden mit einem Distress-Stempelkissen betupft.

SIE BRAUCHEN

Sperrholzplatte 4 mm dick
Blumenstab Durchmesser 1 cm
Holzleim
Farbe/Beize

Großes Vogelhaus am Stiel

Übertragen Sie zuerst das gesamte Vogelhausmotiv aus der Vorlage auf eine Sperrholzplatte, inklusive Dachgiebel und Sockel, danach dann noch einmal extra die Dachgiebel und den Sockel. Sägen Sie die Teile aus und schmirgeln Sie die Ränder und Flächen. Kleben Sie die Dachgiebel und den Sockel mit Holzleim auf die Unterlage. Bohren Sie zwei Löcher (s. Vorlage) und schneiden Sie ein 2,5 cm langes Stück von einem 10 mm dicken Blumenstab ab. Verleimen Sie den Stab in dem unteren Loch. Dann befestigen Sie das Vogelhäuschen auf einem 1m langen Blumenstab, indem Sie bis 7 cm vom oberen Ende die Hälfte des Stabes absägen (s. Abb.) und die Teile zusammenkleben. Streichen Sie Haus und Stab in der gewünschten Farbe an.

Die Vorlage finden Sie auf dem Schnittmusterbogen hinten im Buch.

Endlich Sommerwetter

Gibt es etwas Schöneres, als morgens zum Frühstück die erste Tasse Kaffee mit nach draußen zu nehmen und die warmen Sonnenstrahlen zu genießen? Frisch gebackene, herrlich duftende Sonnenschein-Brötchen und sommerleichte Textilien verleihen einem gemütlichen Tag den richtigen Rahmen. Falls die Schmetterlinge etwas scheu sind, erfreuen Sie sich solange an ein paar genähten, bunten Exemplaren ihrer Art.

Schmetterlingsdecke

SIE BRAUCHEN

Baumwollstoffe in vier hellen
 Farbtönen
Baumwollstoff für die
 Rückseite
Baumwollstoff für
 Schmetterlinge und Borte
Vlieseline
Spitzenband
DMC Stickgarn

Schneiden Sie 25 Stoffflicken à 10 x 10 cm in 3 unterschiedlich hellen Farbtönen aus. Danach schneiden Sie den Stoff für den »Rahmen« zu, 2 Streifen 10 x 43 cm und zwei Streifen 10 x 60 cm. Für die Borte brauchen Sie einen 5,5 cm breiten Stoffstreifen, der (insgesamt) ca. 250 cm lang sein muss. Wie die Stoffstreifen zu einer Borte zusammengefügt werden, können Sie auf S. 12 nachlesen. Setzen Sie die Flicken zusammen, wie Sie mögen. Jeweils 5 Flicken müssen zu insgesamt 5 Streifen zusammengenäht werden. Die Nahtzugaben auf der Rückseite auseinanderbügeln. Nun die 5 Streifen zu einem großen Quadrat von 5 x 5 Flicken zusammennähen und wieder bügeln. Der innere Teil der Decke ist fertig.

Nähen Sie an der Schnittkante entlang das Spitzenband an, beginnen Sie mit zwei gegenüberliegenden Seiten, dann die zwei übrigen Seiten. Nähen Sie den Rahmen an den inneren Teil. Zuerst die kürzeren Streifen an die Seiten, an die Sie zuerst das Spitzenband genäht haben. Bügeln Sie die Nähte. Schneiden Sie überschüssigen Stoff weg und nähen Sie die beiden verbleibenden Stoffstreifen an. Bügeln und überschüssigen Stoff wegschneiden.

Bügeln Sie Vlieseline auf die linke Seite der Decke. Nun für die Rückseite ein Stück Stoff in den Maßen der Decke ausschneiden und beide Teile mit der rechten Seite nach außen übereinanderlegen. Heften Sie die Lagen zusammen, damit sie nicht verrutschen. Quilten Sie die Lagen mit der Nähmaschine zusammen, indem Sie diagonal verlaufende Nähte durch alle Ecken der Flicken in der Mitte nähen (s. Foto). Klappen Sie das Spitzenband etwas zurück, ehe Sie die diagonalen Nähte beginnen oder beenden, damit es nicht mit festgenäht wird. Nähen Sie zuerst alle diagonalen Nähte in eine Richtung, drehen Sie dann die Decke und nähen Sie alle Nähte in die andere Richtung. Nähen Sie auf der Rahmenseite eine Naht um das Spitzenband. Anschließend die Borte um die Deckenkanten nähen.

Übertragen Sie die Schmetterlinge aus der Vorlage auf Vliesofix (Übertragen von Motiven s. S. 12). Platzieren Sie die Schmetterlinge an der gewünschten Stelle und nähen Sie sie mit Langettenstichen auf die Decke. Sticken Sie mit Heftstichen eine Ziernaht, die die Flugbahn der Schmetterlinge zeigt. Sticken Sie die Fühler der Schmetterlinge mit Rückstich und Knötchenstich. Wer mag, kann ein paar Strassperlen auf die Schmetterlinge bügeln.

Die Vorlage finden Sie auf dem Schnittmusterbogen hinten im Buch.

40

Schmetterlingskissen

Schneiden Sie für die Vorderseite 15 Flicken von 10 x 10 cm in drei unterschiedlichen, hellen Farbtönen zu, außerdem zwei Stoffteile à 43 x 19,5 cm. Für die Rückseite brauchen Sie ein 43 x 25 cm großes Stoffstück und ein Stoffstück mit den Maßen 43 x 51 cm.

VORDERSEITE

Nähen Sie die Flicken wie bei der Decke auf S. 40 zusammen. Hier setzt sich das Mittelstück zu einem Rechteck aus 3 x 5 Flicken zusammen. Nähen Sie das Spitzenband an die langen Seiten des Mittelstückes. Legen Sie ein Seitenteil rechts auf rechts auf das Mittelstück und nähen Sie die beiden Stoffstücke zusammen. Verfahren Sie genauso mit der anderen Seite. Bügeln Sie die Nahtzugaben auseinander. Bügeln Sie Vlieseline auf die Rückseite. Schneiden Sie für das Futter ein Stück Stoff in dem gleichen Maß wie das gesamte Vorderteil aus. Die Lagen zusammenheften, damit sie nicht verrutschen. Quilten Sie die Lagen des Mittelstückes mit der Nähmaschine und applizieren Sie die Schmetterlinge wie bei der Decke (s. Decke S. 40).

RÜCKSEITE

Bügeln Sie an einer Langseite des kleineren Stoffteils einen Saum von etwa 5 cm nach innen, die Schnittkante etwa 1 cm unter den Saum einschlagen und erneut bügeln. Nähen Sie eine Naht am äußeren Rand entlang. Das Ganze mit dem anderen Rückenteil wiederholen, nur dass hier der Saum an der Kurzseite eingeschlagen wird. Nähen Sie vier Knopflöcher in den Saum des kleineren Teils und vier Knöpfe an den Saum des größeren Teils. Knöpfen Sie die Teile zusammen.

SIE BRAUCHEN

Baumwollstoff in vier hellen Farbtönen
Baumwollstoff für Rückseite
Baumwollstoff für Innenfutter
Baumwollstoff für Schmetterlinge
Spitzenband
Vlieseline
Knöpfe
DMC Stickgarn
Kissen-Inlet 40 x 60 cm

Legen Sie Vorder- und Rückseite rechts auf rechts aufeinander und nähen Sie sie zusammen. Versäubern Sie die Schnittkanten mit Zickzackstich. Den Kissenbezug wenden, bügeln und über ein Kissen ziehen.

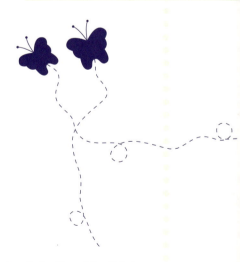

Die Vorlage finden Sie auf dem Schnittmusterbogen hinten im Buch.

Vogelhaus

SIE BRAUCHEN

Sperrholz 10 mm dick
Holzstab Durchmesser 1 cm

Übertragen Sie das Frontteil aus der Vorlage 2x auf Sperrholz und sägen Sie es aus. Sägen Sie ein Dachteil 9 x 10,5 cm aus, ein Dachteil 10 x 10,5 cm, den Sockel 10 x 12 cm und 2 Seitenwände 6 x 8 cm. Sägen Sie die Teile mit einer Stichsäge aus. Bohren Sie zwei Löcher in das Frontteil (s. Vorlage). Dann ein 3 cm langes Stück Holzstab zuschneiden und im unteren Loch verleimen und die Hausteile miteinander verleimen. Schmirgeln und streichen. Schreiben Sie mit wasserfester Farbe den gewünschten Text auf die Front.

Kleines Vogelhaus am Stiel

Die kleinen Vogelhäuschen werden genauso gebaut wie die große Variante auf S. 37. Man braucht nur einen etwas dünneren Holzstab (6 mm Durchmesser), der 30 cm lang ist. Der Ausschnitt am oberen Ende beträgt 4 cm. Der kleine Stab unter dem Einflugloch ist 2,5 cm lang.

Brotkorb mit Punkten

SIE BRAUCHEN

Gepunkteten Baumwollstoff
  in zwei Farben
Taschenvlies

Schneiden Sie von dem einen Stoff einen Kreis mit einem Durchmesser von 22,5 cm und ein Stück Stoff für das Seitenteil/Randteil von 19 x 67,5 cm zu. Die gleichen Teile in den gleichen Maßen auch aus dem anderen Stoff zuschneiden. Bügeln Sie das Taschenvlies auf die Rückseite der beiden Stoffteile für die Außenseite. Nähen Sie jeweils die kurzen Seiten der beiden Randteile zusammen. Bügeln Sie die Nahtzugaben auseinander und nähen Sie beidseitig der Naht eine Stick-/Ziernaht. Nähen Sie nun das wattierte Randteil und den wattierten Boden zusammen. Genauso mit den einfachen Stoffteilen verfahren, dort aber eine Wendeöffnung lassen. Stecken Sie nun das Innenfutterteil in den wattierten Teil, rechts auf rechts, und nähen Sie die Teile zusammen. Wenden, bügeln und die Wendeöffnung vernähen. Zum Schluss eine Ziernaht an der oberen Kante entlangnähen.
Nähen Sie als kleines Extra gern ein passendes Webetikett in die Naht ein.

Sonnenschein-Brötchen

500 ml Milch
75 g Margarine
1 Pck. Hefe
150 g Zucker
1,5 TL Kardamom
ein paar Tropfen Zitronensaft
etwas Salz
ca. 1200 g Mehl
1 TL Zimt

1 Pck. Vanillepudding für die
  Füllung
Zuckergussglasur

Margarine schmelzen, Milch zugießen und die Mischung fingerwarm werden lassen (37 °C). Hefe in eine Schüssel krümeln und die Milch-Margarine-Mischung darübergießen. Rühren, bis die Hefe sich aufgelöst hat. Zucker, Kardamom, Salz, Zitronentropfen und zum Schluss das Mehl zugeben und den Teig rühren und kneten, bis er sich vom Schüsselrand löst. Den Teig zudecken und an einer geschützten Stelle auf das doppelte Volumen gehen lassen, ca. 45 Minuten.

Legen Sie den aufgegangenen Teig auf eine Arbeitsfläche und rollen Sie ihn zu einem etwa 40 x 40 cm großen Quadrat aus. Den Teig mit Zimt bestreuen und aufrollen. Die Rolle in Scheiben schneiden und auf ein Backblech legen. Die Brötchen ein bisschen flach drücken. Danach wieder gehen lassen. Bereiten Sie den Vanillepudding vor wie auf der Packung angegeben. Wenn die Brötchen fertig gegangen sind, drücken Sie eine kleine Mulde in die Mitte und füllen Sie einen Löffel Vanillepudding hinein. Backen Sie die Brötchen 10–12 Minuten bei 225 °C, mittlere Schiene. Die Brötchen abkühlen lassen und mit Zuckergussglasur verzieren (s. Foto). Am einfachsten geht das mit einer Spritztüte mit dünner Spitze.
Viel Erfolg!

Geschenksäckchen

Schneiden Sie für das Säckchen ein Stück Stoff 18 x 53 cm (hier kariert) und für den oberen Rand zwei Teile in einer anderen Farbe (hier geblümt) 8 x 34,5 cm zu. Für die Tasche von dem geblümten Stoff außerdem 9,5 x 12 cm zuschneiden. Wir haben einen kräftigen Baumwollstoff gewählt, weil das Säckchen nicht gefüttert ist. Schlagen Sie eine Kurzseite 2,5 cm nach hinten um. Legen Sie das Spitzenband am Rand an und nähen Sie es an. Die restlichen Seiten 1 cm nach hinten umfalten und bügeln. Platzieren Sie die Tasche 9 cm von einer Kurzseite des Säckchens entfernt und nähen Sie sie auf. Legen Sie den Sackstoff nun doppelt rechts auf rechts und nähen Sie die Seiten zu. Versäubern Sie die Schnittkanten mit Zickzack, damit die Nahtzugaben nicht ausfransen. Falten Sie die Bodenecken und nähen Sie sie mit einer Quernaht 3 cm vor der Spitze ab (Nähen von Ecken s. S. 12).

Falten Sie eines der Stoffteile für den oberen Rand und nähen Sie die Enden zusammen (so dass ein Ring entsteht). Genauso mit dem zweiten Stoffteil verfahren, nur beim Zusammennähen der Kurzseiten die Naht 2 cm vor dem unteren Rand abschließen (s. Abb. A). Das ist die Öffnung für den Tunnelzug. Die Nahtzugaben auseinanderbügeln. Legen Sie ein Spitzenband an die Schnittkante der rechten Seite eines Randteils, schieben Sie die Randteile ineinander, rechts auf rechts, Naht auf Naht, und nähen Sie sie zusammen. Falten Sie den Randstoff so, dass die rechte Stoffseite und die Öffnung für den Tunnelgang außen liegen (s. Abb. B). Schieben Sie den Randstoff so in den auf links gedrehten Sack (rechts auf rechts), dass die Öffnung für den Tunnelgang genau über einer Seitennaht des Säckchens liegt. Nähen Sie die Teile zusammen. Versäubern Sie die Schnittkante mit Zickzackstich, damit der Stoff nicht ausfranst. Bügeln Sie die Nahtzugaben auseinander und wenden Sie das Säckchen. Nähen Sie 1,5 cm über der Naht des oberen Randteils parallel eine Naht für den Tunnelsaum. Ziehen Sie ein Schleifenband durch den Tunnelsaum und schnüren Sie das Säckchen zu. An den Bandenden können Perlen befestigt werden, und in die kleine Tasche kann ein beschrifteter Paketanhänger oder eine kleine Karte gesteckt werden. So schnell hat man ein hübsches Mitbringsel.

SIE BRAUCHEN

Kräftigen Baumwollstoff (kariert)
Baumwollstoff (geblümt)
Schleifenband
Spitzenband
evtl. Perlen für die Schleifenbandenden

Tellerschmuck

Übertragen Sie das Motiv für den Schmetterlingskranz (s. S. 52) aus der Vorlage und nähen Sie die Schmetterlinge wie dort beschrieben. Legen Sie die Schmetterlinge als Dekoration auf einen Teller oder hängen Sie sie an dünnen Schnüren auf.

TIPP

Die Säckchen eignen sich auch gut als Duftsäckchen.

Kleines Geschenksäckchen mit Stickerei

SIE BRAUCHEN

Leinenstoff
DMC Stickgarn
Band

Schneiden Sie ein Stück Stoff von 10 x 52 cm zu. Legen Sie den Stoff doppelt und übertragen Sie das Blumenmotiv auf die Mitte einer Seite (Anleitung s. S.7). Sticken Sie die Blume mit Stielstich. Legen Sie den Stoff nun doppelt, rechte Seite innen, und nähen Sie die Seitennähte zu. Die Schnittkanten mit Zickzackstich versäubern, das Säckchen wenden und bügeln. An der oberen Öffnung einen Saum nähen.

Verschnüren Sie das Säckchen mit einem passenden Band. Für einen Aufhänger falten Sie das Band einfach einmal in der Mitte und nähen 2 cm unter dem Falz eine Quernaht über die Bänder. Danach das Band um das Säckchen binden. Ein Webetikett in der Seitennaht ist das Tüpfelchen auf dem i.

Die Vorlage finden Sie auf dem Schnittmusterbogen hinten im Buch.

Häkeldecke mit Blüten

SIE BRAUCHEN

Dünnes Wollgarn, verschiedene Farben
Häkelnadel Nr. 3

Maße: 88 x 128 cm

Lesen Sie das Kapitel »Kleine Häkelschule« auf S. 9, bevor Sie anfangen.

Diese Decke ist aus 117 Einzelflicken zusammengesetzt, 59 davon in offwhite (ein heller Cremeton), 58 in hellgrauer Grundtönung. Die Rosen sind in verschiedenen Farben gehäkelt. Spielen Sie mit den Farben und kombinieren Sie sie nach Ihren eigenen Vorstellungen.

DIE FLICKEN WERDEN WIE FOLGT GEHÄKELT:
8 Lftm anschlagen, mit einer Kettm zu einem Ring schließen.
1. Reihe: 5 Lftm (= 1 Stb + 2 Lftm), *1 Stb um Lftm-Ring, 2 Lftm*. Von * bis * wiederholen, bis Sie 8 Stb um den Ring gehäkelt haben. Mit 1 Kettm in 3. Lftm (vom Anfang) abschließen.
2. Reihe: 1 Lftm, um jeden Lftm-Bog 1 feM + 1 Lftm + 3 Stb + 1 Lftm + 1 feM häkeln (8 Bögen).
3. Reihe: 1 Lftm * 1 feM von hi um 1 Stb d. 1. Reihe (Nadel von hi waagerecht v. re nach li vorn um das Stb schieben, Faden nach hi holen und feM häkeln), 4 Lftm*. Von * bis * bis Ende der Runde wiederholen. Mit 1 Kettm in 3. Lftm von 1. Lftm-Bog abschließen.
4. Reihe: wie 2. Reihe, nur dass hier 5 Stb statt 3 gehäkelt werden (8 Bögen). Den Faden am Ende der Runde durch die feM ziehen, abschneiden und Fadenende durch Lftm ziehen und festziehen.
5. Reihe: Farbe wechseln und mit 1 Kettm im 3. Stb beginnen, *1 Stb (= 3 Lftm) + 5 Lftm + 1 Stb in gl. M (wie 1. Stb), 5 Lftm, 1 feM (in 3. Stb vom nächsten Bog), 5 Lftm*. Von * bis * bis Ende der Runde wiederholen. Mit 1 Kettm in 3. Lftm abschließen.
6. Reihe: 1 Kettm um Lftm-Bog, *3 Stb (1 Stb = 3 Lftm) + 3 Lftm + 3 Stb im gleichen Lftm-Bog, im nä Lftm-Bog 5 Stb und 5 Stb im nä*. Bis Ende der Runde von * bis * wiederholen. Mit 1 Kettm in 3. Lftm beenden.
7. Reihe: 3 Lftm (= 1 Stb). Eine Runde mit 1 Stb in 1 Stb, in Lftm-Bog werden 2 Stb + 3 Lftm + 2 Stb gehäkelt. Mit 13 Stb und 1 Kettm in 3. Lftm abschließen. Das Fadenende abschneiden und durch die Masche ziehen.

Vernähen Sie alle Fadenenden und dämpfen Sie die Flicken unter einem feuchten Tuch. Ziehen Sie die Flicken in Form und arbeiten Sie die Ecken gut heraus. Setzen Sie die Flicken zusammen, wie Sie mögen und nähen Sie sie mit Heftstichen durch beide Stäbchenköpfe von der rechten Seite zu einer Decke zusammen.

GEHÄKELTE ZIERBORTE UM DIE DECKE
Runde: Umhäkeln Sie die ganze Decke mit feM, an den Ecken jeweils 3 feM über dem Lftm-Bog.
Runde: *1 Kettm, 1 M überspringen, 5 Stb in nä M, 1 M überspringen*. Bis Ende von * bis * wiederholen.
Vernähen Sie die Fäden und dämpfen Sie die Decke leicht unter einem feuchten Tuch.

Schmetterlingskranz

Die Vorlage finden Sie auf dem Schnittmusterbogen hinten im Buch.

SIE BRAUCHEN

Zweigkranz (Weidenkranz)
Baumwollstoff in verschiedenen Farben
Füllwatte
Klebepistole
Blumendraht Durchmesser 1 mm

Übertragen Sie den Schmetterling aus der Vorlage auf ein Papier. Legen Sie den Baumwollstoff doppelt (rechte Seite außen!) mit einer dünnen Vliesschicht zwischen den Lagen. Die Schmetterlingsvorlage auf den Stoff legen und die Stofflagen entlang der Umrisslinien zusammennähen. Schneiden Sie den Schmetterling mit 2 mm Nahtzugabe aus. Nähen Sie eine Naht durch die Mitte des Schmetterlings, wo der Körper sein soll. Den Körper nähen, wenden und mit Watte füllen. Die Wendeöffnung vernähen. Biegen Sie Fühler aus ca. 11 cm langem Blumendraht. Mit einer Schmuckzange lassen sich die Enden gut zu einer Spirale aufdrehen. Knicken Sie den Draht in der Mitte leicht ab (s. Vorlage auf dem Schnittmusterbogen). Kleben Sie zuerst die Fühler auf die Mittelnaht der Flügel, dann den Körper darüber, damit der Blumendraht nicht mehr zu sehen ist.

Nähen Sie viele Schmetterlinge in sommerlichen Farben und befestigen Sie sie mit einer Klebepistole an dem Kranz. Sie können den Kranz naturfarben belassen oder mit einer anderen Farbe bemalen oder lasieren.

Home sweet home

Schneiden Sie ein Stück kartoniertes Papier auf 20 x 21 cm zu. Falten Sie die Karte der Länge nach in der Mitte (s. Foto). Schneiden Sie ein Stück kartoniertes Papier in einer anderen Farbe von 6,5 x 20 cm zu und Dekopapier mit Hausmotiv von 5,5 x 20 cm. Kleben Sie das Dekopapier auf den Streifen kartoniertes Papier und kleben Sie das Ganze mit Klebepads auf die Klappkarte (s. Foto). Schneiden Sie ein kleines Stück kartoniertes Papier von 2 x 5 cm aus, schreiben Sie «home» darauf und kleben Sie es auf die Karte.

TIPP

Wenn Sie die Schmetterlinge in einer anderen Größe nähen wollen, vergrößern oder verkleinern Sie das Motiv aus der Vorlage mit Hilfe eines Kopierers auf die gewünschte Größe.

Bauernschachspiel

SIE BRAUCHEN

Baumwollstoff in drei Farben
Vlieseline
6 große Knöpfe
6 kleine Holzperlen, je drei in zwei Farben
Häkelgarn in zwei Farben
1 kleinen Knopf

»Schachbrett«

Schneiden Sie die Flicken für das Schachbrett auf 8 x 8 cm zu, fünf von einer Farbe und vier von einer anderen Farbe. Für den Rahmen um das Schachbrett brauchen Sie zwei Stoffstreifen 8 x 21 cm und zwei Stoffstreifen 8 x 32 cm. Achten Sie darauf, dass die Nahtzugabe überall 0,7 cm beträgt. Nähen Sie zuerst die Flicken für das Mittelstück zusammen, immer drei Flicken für einen Streifen. Dabei auf die richtige Reihenfolge achten (s. Foto). Wenn die Streifen fertig sind, alle Nahtzugaben in eine Richtung bügeln. Dann die drei Streifen zu dem Schachbrett zusammennähen. Nahtzugaben auseinanderbügeln. Jetzt den Rahmen nähen. Zuerst die beiden kürzeren Stoffstreifen an zwei gegenüberliegende Seiten. Nahtzugaben bügeln und überschüssigen Stoff wegschneiden. Danach die längeren Stoffstreifen annähen, bügeln und beschneiden. Bügeln Sie Vlieseline auf die linke Seite des genähten Vorderteils. Für die Rückseite schneiden Sie aus einem anderen Stoff ein Stück in den Maßen des Vorderteils aus. Legen Sie den Rückseitenstoff und das Vorderteil rechts auf rechts aufeinander und nähen Sie die Lagen an den Rändern zusammen. Lassen Sie an einer Seite für die Wendeöffnung 8 cm offen. Wenden, bügeln und die Wendeöffnung vernähen. Nähen Sie mit 0,7 cm Abstand vom Rand eine Ziernaht um die Decke.

Aufbewahrungsbeutel

Schneiden Sie für den Beutel zwei Stoffstücke (Außenteil und Innenfutter) 20 x 30 cm zu und für den Henkel einen Stoffstreifen 46 x 4 cm. Übertragen Sie die Blumenblüte (linke Abb.) auf Applikationsvlieseline, bügeln Sie sie auf die Rückseite des Stoffes und schneiden Sie die Blume aus. Nun die Blume auf die rechte Seite des Beutelvorderteils und anschließend Vlieseline auf die linke Seite des Vorderteils bügeln. Nähen Sie die Blüte auf den Stoff. Falten Sie den Streifen für den Henkel längs in der Mitte und bügeln Sie ihn. Wieder auseinanderfalten und beide Schnittkanten (lange Seite) zur Mitte bügeln. Wieder längs falten und die offene Seite zunähen. Legen Sie das Außenteil für den Beutel doppelt (rechte Seite innen) und nähen Sie die Seiten und den Boden zusammen. So falten, dass Boden- und Seitennaht übereinanderliegen und ca. 1 cm von der Spitze quer über die Ecke nähen (Ecken nähen s. S. 12). Verfahren Sie genauso mit dem Innenfutter, aber lassen Sie eine 6–7 cm breite Wendeöffnung in einer Seitennaht offen. Die Nahtzugaben auseinanderbügeln und den Beutel wenden. Befestigen Sie den Henkel außen am Beutel, Schnittkante auf Schnittkante auf beiden Seiten des Beutels. Jetzt den Beutel in das Innenfutter schieben, rechts auf rechts, und die Teile am oberen Rand zusammennähen. Wenden, bügeln und die Wendeöffnung vernähen. Verzieren Sie zum Schluss die Mitte der Blüte mit einem Knopf, wenn Sie mögen.

Häkeln Sie sechs kleine Rosen, drei in jeder Farbe, nach der Anleitung für den Haargummi auf S. 64. (Lesen Sie dazu auch das Kapitel »Kleine Häkelschule« auf S. 9.) Befestigen Sie die sechs Blüten mit einer kleinen Holzperle als Blütenstempel auf sechs Knöpfen.

Vorlage 1:1

Muffincafé im Garten

Endlich kann man wieder barfuß durchs Gras laufen! Die kleinen Mädchen haben den Garten erobert und ein Muffin-Café eröffnet. Die Muffins sind frisch gebacken und duften so verführerisch, dass die Rollen von Verkäufer und Gast ständig getauscht werden, weil natürlich jeder von den Köstlichkeiten probieren will.

Hübsche Mädchenkleider

TIPP

Die Kleider lassen sich wunderbar mit Häkelblumen verzieren.

Übertragen Sie die Vorlagenteile aus dem Schnittmusterbogen. Legen Sie den Stoff für das Trägerteil doppelt, legen Sie die Vorlagenteile an den Stoffbruch des Stoffes an und schneiden Sie die Teile zu. Das Ganze mit dem Innenfutterstoff wiederholen. Für das Rockteil gelten folgende Schnittmaße:

2 Jahre 110 x 40 cm
4 Jahre 110 (mindestens) x 45 cm
6 Jahre 110 (mindestens) x 50 cm

Einen 3 cm breiten Stoffstreifen für das Biesenband zuschneiden. Passen Sie die Länge an die Größe des Trägerteils vom Kleid an. Bügeln Sie zum Verstärken der eigentlichen Träger Vlieseline auf die linke Seite der vier Trägerabschnitte. Legen Sie Stoff- und Futterteil, die mit »vorne« gekennzeichnet sind, rechts auf rechts übereinander und nähen Sie die beiden Lagen am Rand zusammen (s. Abb. A). Auf die gleiche Weise nähen Sie nun Stoff- und Futterteil des mit »hinten« markierten Trägerteils zusammen. Schneiden Sie kleine Kerben in die Nahtzugabe. Beide Teile wenden und bügeln. Heften Sie Vorder- und Rückenteil an der Größe des Kindes orientiert an den Seiten zusammen. Die Seiten an einer Seite zunähen und die Nahtzugabe auseinanderbügeln. Den Stoffstreifen für das Biesenband längs falten, rechte Seite außen, und bügeln. Die Baumwollschnur auf den Falz legen, den Stoffstreifen noch einmal der Länge nach falten und direkt an der Schnur entlang eine Naht nähen, damit nichts verrutscht. Das Biesenband auf die Vorderseite des Trägerteilchens legen, Schnittkante an Schnittkante, und zusammennähen. Überschüssige Schnur abschneiden. Jetzt die zweite Seitennaht nähen, bügeln.

SIE BRAUCHEN

Baumwollstoff in drei verschiedenen Farben
Baumwollstoff für das Innenfutter
Baumwollschnur für Biese
Knöpfe

Legen Sie den Stoff für den Rock doppelt, rechte Seite innen, und nähen Sie die Rückennaht. Versäubern Sie die Schnittkanten mit Zickzackstich. Steppen Sie am oberen Rand Kräuselfäden ein (s. S. 12). Markieren Sie am Oberteil vorne und hinten die Mitte. Die Naht des Rockteils sollte sich hinten in der Mitte befinden. Markieren Sie am Rockteil ebenfalls die Mitte vorn und die Seiten. Kräuseln Sie das Rockteil. Legen Sie Oberteil und Rockteil rechts auf rechts übereinander und achten Sie darauf, dass die Markierungen übereinanderliegen. Die Teile zusammennähen. Versäubern Sie die Schnittkanten mit Zickzackstich. Passen Sie die Länge des Kleides an die Größe des Kindes an und nähen Sie einen Saum (s. S. 13). Jetzt noch 1,5 cm vom oberen Rand der vorderen Träger Knopflöcher nähen und entsprechend an den hinteren Trägern Knöpfe anbringen.

Die Vorlage finden Sie auf dem Schnittmusterbogen hinten im Buch.

Taschen für kleine Fräuleins

Emmas Tasche

Übertragen Sie die Vorlage für die Tasche und das Innenfutter. Legen Sie den Stoff doppelt und schneiden Sie die Teile zu. Schneiden Sie zwei Stoffstreifen 7 x 37 cm für den oberen Rand und zwei Stoffstreifen 6 x 19 cm für die Henkel zu. Jetzt brauchen Sie noch einen Stoffstreifen 3 x 38 cm für die Biese, die Sie wie auf S. 58 beschrieben nähen (Biese für Kleid). Nähen Sie die Henkel wie die Stoffstreifen für das Teewärmer-Küken auf S. 18.

Taschenteil: Vlieseline auf einen der Stoffstreifen für den oberen Rand bügeln und das Biesenband an den wattierten Randstoff nähen, wie für das Kleid auf S. 58 beschrieben. Legen Sie nun den Randstoff doppelt, rechte Seite innen, und nähen Sie die Lagen an der einen Kurzseite zusammen. Die Nahtzugabe auseinanderbügeln. Nähen Sie nun die Taschenteile zusammen. Vorne und hinten auf den Taschenteil (s. Markierungen in der Vorlage) Kräuselfäden steppen. Kräuseln Sie die Fäden (s. S. 12). Legen Sie Taschenteil und Randteil rechts auf rechts übereinander und nähen Sie die Stofflagen zusammen. Bügeln Sie die Nahtzugaben auseinander und wenden Sie die Tasche.

Innenfutter: Den zweiten Randstoffstreifen doppelt legen, rechte Seite innen, und an der Kurzseite zusammennähen. Die Nahtzugabe auseinanderbügeln. Nun die übrigen Teile des Innenfutters zusammennähen. An die Wendeöffnung denken. Den Innenfutterbeutel rechts auf rechts über den Innenfutterrand legen und zusammennähen.

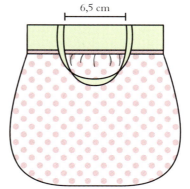

Legen Sie die Henkel auf die Tasche, wie in der Abb. zu sehen. Dann die Tasche rechts auf rechts in das Innenfutter schieben und die Teile zusammennähen. Wenden, bügeln und die Wendeöffnung vernähen.
Man kann die Tasche mit Häkelblumen verzieren. Wir haben hier die gleichen Blüten wie für das Kissen auf S. 79 genommen.

SIE BRAUCHEN

Baumwollstoffe in verschiedenen Farben
Baumwollstoff für Innenfutter
Vlieseline
Baumwollschnur für Biese

Die Vorlage finden Sie auf dem Schnittmusterbogen hinten im Buch.

Sophies Tasche

Schneiden Sie zwei Teile Stoff 25 x 29 cm für die Tasche, ein Teil Stoff 13 x 18 cm für die »Tasche auf der Tasche« und zwei Stoffstreifen 6 x 30 cm für die Henkel zu. Für das Innenfutter brauchen Sie zwei Teile Futterstoff 25 x 29 cm. Bügeln Sie Vlieseline auf die linken Seiten der beiden Stoffteile. Bügeln Sie die eine Kurzseite des Taschenteils 4 cm nach hinten um und nähen Sie einen Saum. Die drei verbleibenden Seiten der Tasche 1 cm nach hinten umfalten und bügeln. Platzieren Sie die Tasche 8 cm vom oberen Rand entfernt mittig auf einem der Taschenteile. Nähen Sie die Tasche fest. Sie können eine senkrechte Naht über die Tasche nähen, um sie in zwei Fächer aufzuteilen. Nähen Sie nun die beiden Taschenteile zusammen und bügeln Sie die Nahtzugaben auseinander. Falten Sie die Ecken so, dass Boden- und Seitennaht übereinanderliegen und nähen Sie 2,5 cm von der Spitze eine Naht über die Ecke (s. S. 12, Ecken). Nähen Sie das Innenfutter auf die gleiche Weise, aber schieben Sie vor dem Zusammennähen 5 cm vom oberen Rand ein Band mit einem Schlüsselring in eine Seitennaht. In einer Seitennaht eine 8 cm breite Wendeöffnung lassen. Die Nahtzugaben auseinanderbügeln.

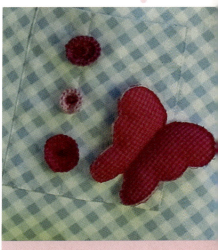

SIE BRAUCHEN

Baumwollstoff
Stoff für Innenfutter
Stoff für Schmetterling
Vlieseline
evtl. Knöpfe, Häkelblumen, Schmetterlinge aus Stoff
Band und Schlüsselring

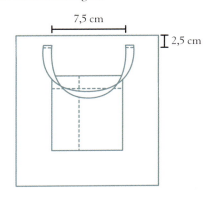

Henkel: Falten Sie die Stoffstreifen der Länge nach, rechte Seite innen, und nähen Sie die Lagen an der langen Schnittkante zusammen. Wenden, bügeln und an der Kante entlang nochmals eine Naht nähen. Legen Sie die Henkel auf die Tasche, wie in der Abb. zu sehen. Nähen Sie die Henkel an die Tasche. Schieben Sie die Tasche in das Futter, rechts auf rechts, und nähen Sie die Teile zusammen. Die Tasche wenden und bügeln. Vernähen Sie die Wendeöffnung. Die Henkel nach oben klappen und am oberen Rand einmal um die Taschenöffnung nähen, um die Henkel festzunähen. Als kleines Extra können Sie auch hier wieder ein Webetikett in die Seitennaht einarbeiten.

Verzieren Sie die Tasche mit Knöpfen, Schmetterlingen und Häkelblumen, ganz wie Sie mögen.

Häkelkette und Haarschmuck

Lesen Sie das Kapitel »Kleine Häkelschule« auf S. 9, bevor Sie anfangen.

Blume am Haargummi

4 Lftm häkeln und mit 1 Kettm zu einem Ring schließen.

1. Runde: 6 feM um den Ring häkeln, mit 1 Kettm in 1. feM abschließen.
2. Runde: *1feM in feM aus voriger Runde, 3 Lftm*. Von * bis * bis Ende der Runde wiederholen, insg. 6 Lftm-Bög. Mit 1 Kettm in 1. feM schließen.
3. Runde: *1 feM, 3 Stb, 1 feM in Lftm-Bog*, über 6 Bögen von * bis * wiederholen. Runde mit 1 Kettm in 1. feM abschließen.
Die Blüte an den Haargummi nähen.

Halskette mit Blüten und Perlen

Häkeln Sie eine Schnur aus festen Maschen und ziehen Sie Häkelblüten und Perlen darauf. Nähen Sie die Blüten in gleichmäßigen Abständen fest. Die Perlen kann man mit einem Knoten auf beiden Seiten befestigen.

Häkelblume

4 Lftm häkeln und mit 1 Kettm zu einem Ring schließen.

1. Runde: 6 feM um den Ring häkeln, mit 1 Kettm in 1. feM abschließen.
2. Runde: *1 feM, 4 Lftm, 1 Stb in die 1. der 4 Lftm*. Von * bis * bei allen 6 feM der vorigen Runde wiederholen. Mit 1 Kettm in 1. feM der Runde abschließen.

Diadem und Haarklammern mit Häkelkreisen

Die Kreise in unterschiedlichen Größen werden aus feM gehäkelt. Befestigen Sie sie mit einer Klebepistole an einem Haarreif oder an Haarklammern.

Sommerliche Muffins (ca. 10 Stück)

Butter und Zucker schlagen, bis die Mischung weich ist. Nacheinander die Eier zugeben. Mehl, Vanillezucker und Backpulver sowie Milch wechselweise zugeben. Die Muffinförmchen zu Dreiviertel füllen und die Muffins auf der mittleren Schiene bei 175 °C etwa 20 Min. backen.

Mit Zuckerguss verzieren.

100 g Butter
150 g Zucker
3 Eier
150 g Mehl
1 TL Backpulver
50 ml Milch
1 TL Vanillezucker

Bunte Wimpel

Übertragen Sie die Vorlage und schneiden Sie die gewünschte Menge Wimpel in verschiedenen Stoffen aus, zwei Teile Stoff für jeden Wimpel. Legen Sie jeweils zwei Teile rechts auf rechts aufeinander und nähen Sie die langen Seiten zu. Wenden und bügeln. Wir haben hier ein langes Band aus verschiedenen Stoffen genäht (s. unter Borte, Zusammennähen von Stoffstreifen). Schneiden Sie 5,5 cm breite Stoffstreifen zu und nähen Sie sie zu einem langen Streifen zusammen. Das Band wird wie eine Borte um den oberen Rand der Wimpel genäht, wie auf S. 12 beschrieben. Sie können frei wählen, wie groß der Abstand zwischen den Wimpeln sein soll. Es gibt natürlich auch fertiges Band zu kaufen. Dieses sollte mindestens 2 cm breit sein, da es noch mittig gefaltet wird.

Die Anleitung für das Kissen mit den Blumenblüten ist die gleiche wie für das Jeanskissen auf S. 79, aber mit dem hellen Stoff und den bunten Blüten wirkt es völlig anders.

Das große Kaninchen, das in dem Korbsessel sitzt, finden Sie auch auf S. 91, aber hier haben wir die Vorlagenteile auf 170 % vergrößert.

SIE BRAUCHEN

Verschiedene Stoffe
Band

Die Vorlage finden Sie auf dem Schnittmusterbogen hinten im Buch.

Zuckertüte aus Stoff

SIE BRAUCHEN

Baumwollstoff
Jerseystoff
Kartoniertes Papier
Band

Die Vorlage finden Sie auf dem Schnittmusterbogen hinten im Buch.

Legen Sie den Baumwollstoff rechts auf rechts und schneiden Sie nach der Vorlage die Zuckertüte zu. Schneiden Sie die Vorlage auch zweimal mit kartoniertem Papier aus. Außerdem brauchen Sie ein Stück Jerseystoff für den Verschluss. ACHTUNG: Den Jerseystoff nach der Vorlage ohne Nahtzugabe zuschneiden. Schneiden Sie nun noch einen Stoffstreifen 6 x 40 cm für die Borte zu.

Nähen Sie den Stoff für die Zuckertüte zusammen und bügeln Sie die Nahtzugabe auseinander. Wenden und bügeln.
Legen Sie den Jerseystoff für den Verschluss an der Zuckertüte an. Der Stoff überlappt auf der Rückseite. Den Verschlussstoff ein Stück unterhalb des Zuckertütenrandes an die Zuckertüte heften. Danach den Rand mit einer Borte verzieren. Dafür die Borte der Länge nach falten, bügeln (rechte Seite außen), und annähen wie auf S. 12 beschrieben.
Rollen Sie das kartonierte Papier zusammen und schieben Sie es in die Stofftüte. Achten Sie darauf, dass die Papierkanten nicht übereinanderliegen, damit sie nicht durch den Stoff drücken. Schneiden Sie zum Schluss ein ca. 75 cm langes, dekoratives Band zu und binden Sie es mit einer Schleife oben um den Jerseystoff.

Geschenkschachtel

SIE BRAUCHEN

Verschiedene Papiere
Band

Schneiden Sie ein Stück Dekokarton auf 30 x 11 cm zu. Nehmen Sie ein Lineal und eine Stricknadel (oder ein Falzbein) und ritzen Sie Faltlinien in den Karton (s. Abb.). Schneiden Sie nun ein Stück Karton 5 x 2,7 cm für das Namensschild zu. Kleben Sie das Schild auf ein größeres Stück kontrastfarbiges Papier, das Sie so beschneiden, dass die Ränder 2 mm über das Namensschild ragen. Stanzen Sie auf jeder Seite der Schachtel zwei Löcher in den Karton und falten Sie die Schachtel nach den Falzlinien (s. Abb.). Ziehen Sie Bast oder ein Band durch die Löcher, um die Schachtel zu verschließen. Kleben Sie das Namensschild mit Klebepads auf die Schachtel.

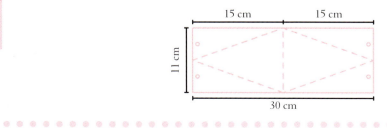

Drei kleine Tragetaschen

Schneiden Sie zwei Teile Stoff 15 x 30 cm zu. Ein Stoffteil wird das Innenfutter. Schneiden Sie ein Stück Stoff für das Täschchen auf der Tasche 8 x 10 cm und zwei Stücke Stoff für die Henkel 6 x 15 cm zu. Nähen Sie an einer kurzen Seite des Täschchens einen Saum (s. S. 13). Falten Sie die übrigen Seitenkanten des Täschchens nach hinten, es soll am Ende 6 x 7 cm groß sein. Nähen Sie das Täschchen mittig auf das eine Frontteil, 3,5 cm von der einen Kurzseite (oberer Rand der Tasche) entfernt.

Nähen Sie die Henkel wie die Stoffstreifen vom Teewärmer-Küken (s. S.18). Falten Sie die Stoffteile, rechte Seite innen, und nähen Sie die Seitennähte. Im Innenfutterteil eine Wendeöffnung in der Mitte einer Seitennaht offen lassen. Falten Sie alle Ecken und nähen Sie ca. 2 cm von der Spitze eine Naht quer darüber. Schneiden Sie den überschüssigen Stoff vor den Nähten weg (s. Abschnitt »Ecken« S. 12). Bügeln Sie die Nähte auseinander.

Legen Sie die Henkel so auf die Tasche, wie in der Abb. rechts zu sehen. Schieben Sie die Tasche in das Futterteil, rechts auf rechts, und nähen Sie die Tasche am oberen Rand zusammen. Wenden, bügeln und eine Ziernaht an der oberen Kante entlang einmal um die Öffnung nähen. Die Wendeöffnung vernähen.

Auch hier sieht ein hübsches Webetikett in einer Seitennaht gut aus.

SIE BRAUCHEN

Baumwollstoff

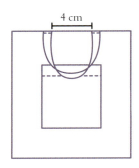

Picknick am Meer

An der frischen Luft schmeckt alles besonders gut, und ein sommerliches Picknick im Park oder am Meer ist immer ein wunderbares Erlebnis. Besonders, wenn man so gut vorbereitet ist wie wir hier, unter anderem mit einer selbstgenähten, gemütlichen Picknickdecke mit praktischen Ecken und einem geräumigen Picknickkorb in dem alles Platz hat, was das Herz begehrt.

Strandtasche mit Geldbeutel

SIE BRAUCHEN

Baumwollstoffe in zwei verschiedenen Farben
Baumwollstoff fürs Innenfutter
Schlüsselring
D-Ring
Karabinerhaken
Schnur
Reißverschluss 15 cm lang
Taschenvlies
3 cm breites, kräftiges Band für Henkel 2 x 108 cm

Strandtasche

Schneiden Sie ein Stück Stoff 21,5 x 67,5 cm für den oberen Taschenrand zu. Schneiden Sie den Taschen- und den Futterteil nach den Maßen 41 x 100 cm zu und dazu noch ein Stück Taschenvlies 10,7 x 67,5 cm. Legen Sie den Stoff für die Tasche doppelt und nähen Sie die offene Seite und den Boden zusammen. Schneiden Sie die Ecken ein, wie in Abb. A zu sehen, und nähen Sie einen Quersaum. Bügeln Sie die Nahtzugaben auseinander. Verfahren Sie genauso mit dem Futterstoff, aber lassen Sie in der Seitennaht eine Wendeöffnung. Bügeln Sie das Taschenvlies auf den halben Stoffteil für den Taschenrand (s. Abb. B). Markieren Sie auf der rechten Seite des wattierten Teils, wo die Henkel sitzen sollen. Nähen Sie die Henkel an den Randteil, beenden Sie aber die Naht in der Mitte (bis zur Vlieskante). An dem einen Henkel setzen Sie die Naht 2 cm vom Rand entfernt an (s. Abb. C). Falten Sie den Rand doppelt und nähen Sie ihn an den kurzen Seiten zusammen. Die Nahtzugaben auseinanderbügeln. Einen Kräuselfaden an den oberen Rand der Tasche und des Futters steppen (s. S. 12). Die Außenseite des Randes, an den der Henkel genäht ist, wird zuerst an den Taschenteil genäht. Legen Sie die Teile rechts an rechts aneinander, kräuseln Sie die Fäden und nähen Sie die Teile zusammen. Legen Sie an der offenen Stelle am Rand einen D-Ring unter den Henkel. Achten Sie darauf, dass die Seitennähte übereinanderliegen. Nähen Sie das Futter und die Innenseite des Randes auf die gleiche Weise, aber schieben Sie das Ende einer Schnur mit Karabinerhaken in die Seitennaht. Wenden, bügeln und Wendeöffnung vernähen. Den oberen Rand bügeln. Nähen Sie von rechts eine Naht, mitten durch die Seitennaht des Randteils, damit das Futter nicht verrutschen kann.

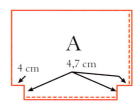

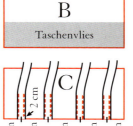

Geldbeutel

Schneiden Sie zwei Teile Stoff 20 x 31 cm aus, ein Teil für den Beutel und ein Teil für das Innenfutter, dann ein Teil Stoff 5,5 x 18 cm und ein Teil Stoff 5,5 x 20 cm für die Borte. Nähen Sie zuerst ein paar Stoffenden (Endstücke) an den Reißverschluss: Schneiden Sie zwei Stoffstücke in der doppelten Breite des Reißverschlusses plus 1,5 cm aus. Berechnen Sie die Stoffenden so, dass der Reißverschluss mit den Stoffenden 20 cm lang ist. Die Endstücke zusammennähen und die Nahtzugabe so auseinanderbügeln, dass die Naht in der Mitte liegt. Schieben Sie nun den Reißverschluss so in das Endstück, dass die Rückseite des Reißverschlusses unter der Naht liegt (s. Abb. C + D auf S. 34). Nähen Sie den Reißverschluss und beide Endstücke zusammen. Die Endstücke auf rechts wenden und bügeln. Legen Sie den Beutel und das Innenfutter rechts auf rechts übereinander mit dem Reißverschluss dazwischen. Der Reißverschluss muss mit der Vorderseite auf dem Vorderteil liegen. Nähen Sie die Teile zusammen. Machen Sie es genauso mit der anderen Seite des Reißverschlusses. Die Stoffteile darüberstülpen und bügeln. Nähen Sie an beide Seiten eine Borte an. Aus dem Ende der längeren Borte wird eine kleine Schlaufe für den Schlüsselring genäht. Klemmen Sie den Schlüsselring in den Karabinerhaken in der Tasche.

73

Picknickdecke

SIE BRAUCHEN

Verschiedene Baumwollstoffe
Jeansstoff
Vlieseline
Stoff für Rückseite
Bindfaden
Metallösen
Stöckchen zum Anpflocken

Schneiden Sie 25 Flicken 25 x 25 cm zu. Nähen Sie 5 Streifen, die aus einer Reihe von jeweils 5 Flicken bestehen. Bügeln Sie die Nahtzugaben auseinander. Legen Sie die Streifen jeweils rechts auf rechts übereinander und nähen Sie sie zusammen und bügeln Sie die Nahtzugaben auseinander. Bügeln Sie Vlies unter die gesamte Decke. Nun schneiden Sie ein Stück Stoff für die Unterseite in den Maßen der gesamten Decke zu. Legen Sie die Decke und den Rückseitenstoff rechts auf rechts aufeinander und nähen Sie die Lagen zusammen. An einer Seite eine Wendeöffnung lassen. Die Decke wenden, bügeln und die Wendeöffnung vernähen. Nähen Sie eine Naht über die Nähte, mit denen die Flicken zusammengenäht sind. Die Nähte sind auf der Vorderseite so gut wie unsichtbar, dafür aber auf der Rückseite zu erkennen.

Schneiden Sie vier Stoffflicken in den Maßen 7 x 7 cm aus. Schlagen Sie an allen Seiten 1 cm nach hinten um. Nähen Sie die Flicken 1 cm vom Rand entfernt in die Ecken der Decke. Schlagen Sie eine Metallöse in die Mitte des Flickens. Die Beschreibung für das Einsetzen finden Sie auf der Verpackung der Ösen. Knoten Sie einen Bindfaden in die Öse und schnitzen sie vier »Zeltheringe«.
Nähen Sie einen kleinen Aufbewahrungsbeutel für die Holzpflöcke, wenn Sie mögen.

Picknickkorb

SIE BRAUCHEN

Jeansstoff
Stoff für Verschluss
Stoff für Futter
Taschenvlies
Zackenlitze
Kräftigen Draht
Schnur
Kordel
Metallösen Durchmesser
   12 mm (bzw. der Dicke
   der Kordel angepasst)
D-Ringe

Maße des Korbes:
24 x 33,5 cm

Schneiden Sie zwei Teile Stoff 25,5 x 25,5 cm (für die Schmalseiten) und drei Teile Stoff 25,5 x 35 cm (für die Breitseiten und den Boden) zu, dann zwei Teile Stoff 17 x 25,5 cm (für die Taschen an den Schmalseiten). Schneiden Sie die entsprechenden Teile für das Innenfutter und Taschenvlies zu (die Taschen ausgenommen). Für den Verschluss brauchen Sie ein Stück Stoff in den Maßen 29 x 116,5 cm und für die Aufhängerschlaufen einen Stoffstreifen von 7,5 x 32 cm. Bügeln Sie das Vlies auf alle Jeansteile außer die Taschen.

Falten Sie die obere Kante des Taschenstoffs 3 cm nach hinten und schlagen Sie dann 1 cm unter den Saum. Legen Sie die Zackenlitze so von hinten an den Rand an, dass das halbe Band zu sehen ist. Nähen Sie die Litze mit einer randnahen auf der rechten Seite sichtbaren Naht an und nähen Sie noch eine Parallelnaht. Die zweite Tasche genauso vorbereiten. Stecken Sie die Taschen am unteren Rand der schmalen Seiten des Korbes fest. Sie haben dieselbe Breite. Nähen Sie nun alle Seitenteile zusammen, außer den Boden. Bügeln Sie die Nahtzugaben auseinander. Nähen Sie an allen Ecken links und rechts von jeder Naht eine Ziernaht. Nun Boden und Seiten zusammennähen und bügeln. Alle Innenfutterteile zusammennähen und das Innenfutter mit der rechten Seite außen in den Korb stecken.

Falten Sie den Stoffstreifen für die Schlaufen der Länge nach (rechte Seite innen) und nähen Sie die lange Kante zu. Wenden und bügeln. Schneiden Sie den Streifen in vier 8 cm lange Streifen. Falten Sie die Schlaufen quer in der Mitte und ziehen Sie auf jeden Streifen einen D-Ring auf. Alle Streifen jeweils 4 cm von den Ecken entfernt an den oberen Korbrand heften.

Legen Sie den Stoff für den Verschluss doppelt und nähen Sie die kurze Seite wie folgt zusammen: 2 cm nähen, eine 2 cm breite Öffnung freilassen, 21,5 cm nähen, eine 1 cm breite Öffnung freilassen, 2,5 cm nähen. Bügeln Sie nun auf der Seite, an der die 2 cm-Öffnung ist, 4 cm Saum nach innen, dann die Schnittkante 1 cm in den Saum einschlagen und bügeln. Nähen Sie eine Naht entlang der Saumkante. Das ist der Tunnelsaum mit einer Öffnung für die Schnur.

Stecken Sie nun den Stoff für den Verschluss außen am Korb fest, rechts auf rechts, und nähen Sie die Teile zusammen. Schlagen Sie den Verschlussstoff über die Schnittkante in den Korb. Bügeln Sie 1,5 cm über der Außennaht eine Falte in den Verschlussstoff und nähen Sie 3 mm unterhalb der Jeanskante eine Ziernaht rund um die Korböffnung. So entsteht ein Tunnelsaum auf der oberen Korbkante. Formen Sie einen kräftigen Draht nach den Maßen des Korbes und schieben Sie ihn zum Stabilisieren des Korbrandes in den Tunnelsaum. In den zweiten Tunnelsaum wird eine Schnur gezogen.

Schlagen Sie auf den beiden breiten Korbseiten je zwei Metallösen ein. Die Ösen sollten 2,5 cm von der Schlaufe und 4 cm vom oberen Rand entfernt sein und durch alle Stofflagen gehen. Die Beschreibung für das Einsetzen der Metallösen finden Sie auf der Verpackung der Ösen. Schneiden Sie zwei 60 cm lange Stücke von einer relativ dicken Kordel ab und ziehen Sie die Kordelenden durch die Ösen. Zum Halt im Korbinneren einen Knoten hinter die Ösen knoten.

TIPP

Auf S. 67 sehen Sie das Kissen in völlig anderen Farben.

Jeanskissen

BLÜTEN

Lesen Sie das Kapitel »Kleine Häkelschule« auf S. 9, bevor Sie anfangen. Für die Blüten haben wir Baumwollgarn und eine Häkelnadel mit der Stärke 3 verwendet. (Wir haben Garn von Catania verwendet. Das ergibt bei der Maschenprobe auf Stricknadeln Stärke 3,5 bei 26 Maschen x 36 Reihen = 10 x 10 cm).

4 Lftm häkeln und mit 1 Kettm in 1. Lftm zu einem Ring schließen.
1. Runde: 4 Lftm (= 1 Stb + 1 Lftm), *1 Stb um den Ring, 1 Lftm. Von * bis * 5x wiederholen. Mit 1 Kettm in 3. Lftm vom Anfang der Runde abschließen.
2. Runde: * 3 Lftm, 1 feM in nä Lftm*, von * bis * 5x wiederholen, mit 3 Lftm und 1 Kettm in 1. Lftm vom Anfang der Runde abschließen.
3. Runde: 1 Lftm. In jedem Bogen 1 feM, 1 Lftm, 3 Stb, 1 Lftm, 1 feM.
4. Runde: Drehen Sie die Arbeit um. *1 feM um feM aus 2. Runde häkeln und dann 5 Lftm*, von * bis * 5x wiederholen. Mit einer Kettm in 1. feM am Anfang der Runde abschließen. Sie haben jetzt sechs Bögen gehäkelt.
5. Runde: 1 Lftm. In jedem Bogen 1 feM, 1 Lftm, 5 Stb, 1 Lftm, 1 feM. Den Faden abschneiden und vernähen.

Häkeln Sie 12 Blüten.

Kissen

Schneiden Sie 25 Flicken 11,5 x 11,5 cm aus unterschiedlichen Jeansstoffen zu. Nähen Sie fünf Streifen mit je fünf Flicken. Nahtzugaben auseinanderbügeln. Die Streifen rechts auf rechts zusammennähen und die Nahtzugaben auseinanderbügeln. Legen Sie Kissenvorderseite, Vlies und Zwischenfutter übereinander und heften Sie die Lagen zusammen, ehe Sie sie quilten. Quilten Sie die Lagen mit Ziernähten zu beiden Seiten aller Nähte. Zum Schluss nähen Sie auf jedes zweite Jeansfeld eine Häkelblüte.

Rückseite: Schneiden Sie ein Teil Stoff 25,5 x 51,5 cm und ein Teil Stoff 40 x 51,5 cm zu. Bügeln Sie an je einer Langseite der beiden Rückenteile einen 5 cm breiten Saum nach hinten. Die Schnittkante 1 cm unter den Saum schlagen und ebenfalls bügeln. Nähen Sie den Saum mit einer Naht direkt an der Umschlagkante fest. Nähen Sie in den Saum des schmaleren Stoffteils vier Knopflöcher und an den Saum des größeren Stoffteils vier Knöpfe. Knöpfen Sie die beiden Teile zusammen, legen Sie das Rückenteil und die Kissenvorderseite rechts auf rechts aufeinander und nähen Sie beide an den Seiten zusammen. Die Schnittkanten mit Zickzackstich versäubern. Den Kissenbezug wenden und das Kissen einziehen.

SIE BRAUCHEN

Verschiedenfarbig blaue Jeansstoffe
Vlieseline
Stoff für Zwischenfutter
Stoff für Rückenteil
Häkelgarn
Häkelnadel Stärke 3
Knöpfe
Kissen-Inlet 50 x 50 cm

Besteckutensilo

Schneiden Sie ein Teil Jeansstoff, ein Teil Futterstoff und ein Teil Vlies à 26 x 49 cm zu. Der Stoff für die Taschen misst 18 x 49 cm. Der Stoffstreifen für die Borte muss 6 x 152 cm lang sein (Zusammennähen von Stoffstreifen s. S. 13). Bügeln Sie das Vlies auf die linke Seite des Jeansstoffs. Legen Sie den Futterstoff mit der linken Seite auf das Vlies. Bügeln Sie an einer Langseite des Taschenstoffs einen 3 cm breiten Umschlag nach hinten und nähen Sie einen Saum. Legen Sie ein Schmuckband über die Naht und nähen Sie es fest.

Legen Sie die Tasche auf das Innenfutter und nähen Sie vertikale Nähte durch alle Stofflagen. Wir haben hier 12 Fächer à 3,5 cm genäht und 1 Fach à 5,5 cm. Das ist praktisch für etwas größere Besteckteile, beispielsweise ein Salatbesteck. Nähen Sie die Borte an, wie auf S. 12 beschrieben. An einer Kurzseite ein Band unter die Borte schieben. Falten Sie das Band in der Mitte und schieben Sie den Falz auf der rechten Seite des Etuis unter die Bortennaht. Das Etui wird aufgerollt und mit dem Band zugeknotet.

SIE BRAUCHEN

Jeansstoff
Stoff für Innenfutter
Stoff für Borte
Vlieseline
Band

Flaschenhülle

Für die hier abgebildete Hülle haben wir ein Stück Baumwollstoff mit den Maßen 10 x 26,5 cm (oberer Rand) und ein Stück Jeansstoff in 19,5 x 26,5 cm genommen. Beide Teile links auf links übereinanderlegen und zusammennähen. Die Schnittkante soll auf der Außenseite sichtbar sein. Schneiden Sie Kerben in die Nahtzugabe. Sticken Sie unter der Naht auf den Jeansstoff ein paar einfache Blumen im Margeritenstich (millefleurs) auf. Nähen Sie einen Zickzacksaum um die ganze Hülle. Legen Sie die Hülle rechts auf rechts und nähen Sie die Seite und den Boden zusammen. Lassen Sie 2,5 cm vom oberen Rand eine Öffnung von 1 cm in der Seitennaht. Bügeln Sie die Nahtzugaben auseinander. Falten Sie die Bodenecken und nähen Sie ca. 4 cm von der Spitze eine Naht quer über die Ecke (s. »Ecken« auf S. 12). Die Schnittkanten mit Zickzackstich versäubern. Bügeln Sie am oberen Rand einen Umschlag von 2,5 cm nach hinten und schlagen Sie die Schnittkante 1 cm unter den Saum, bügeln. Nähen Sie den Saum direkt an der Umschlagkante fest. Ziehen Sie eine Schnur in den entstandenen Tunnelsaum ein. Häkeln Sie kleine Blüten und befestigen Sie sie an den Schnurenden. Die Anleitung für Häkelblüten finden Sie auf S. 64.

SIE BRAUCHEN

Baumwollstoff
Jeansstoff
Schnur

Diese Hülle passt am besten für 0,7-l-Wasserflaschen und 0,5-l-Sprudelflaschen.

Grissini-Sack

SIE BRAUCHEN

Karierten Baumwollstoff oder Geschirrtuch

Schnittmaße: 39 x 42 cm. Legen Sie das Stoffstück doppelt, rechte Seite innen, und nähen Sie die Seiten und den Boden zusammen. Die Schnittkanten mit Zickzackstich versäubern, damit sie nicht ausfransen. Die Nahtzugaben auseinanderbügeln. Nähen Sie am oberen Rand einen Saum. Am Boden ca. 4,5 cm von der Spitze eine Naht quer über die Ecken nähen und überschüssigen Stoff vor der Naht wegschneiden. Die Schnittkante im Zickzackstich versäubern (Beschreibung s. S. 12).

Rezept für Grissini (ca. 25 Stück)

100 ml Wasser
100 ml Milch
½ Pck. Hefe
1 EL Zucker
1 TL Salz
2 EL Olivenöl
ca. 600 g Mehl
Öl zum Einpinseln des Teiges
Parmesan und Rosmarin

Wasser und Milch auf 37 °C erwärmen und in eine Rührschüssel geben. Die Hefe in die Flüssigkeit einrühren. Mehl, Salz, Zucker und Öl zugeben, bis der Teig fest ist. Den Teig auf einer bemehlten Arbeitsfläche kneten, bis er nicht mehr klebt. Decken Sie den Teig zu und lassen Sie ihn ungefähr eine Stunde bis auf die doppelte Größe gehen. Den Teig zu einem langen Rechteck (ca. 30 x 40 cm) ausrollen und mit Öl einpinseln. Wer mag, kann Parmesan, Rosmarin o. Ä. darüberstreuen. Nun den Teig in ca. 1,5 cm breite Streifen schneiden. Die Streifen leicht zwirbeln und auf ein Blech mit Backpapier legen. 10–15 Min. bei 200 °C auf mittlerer Schiene backen, bis die Grissini goldbraun sind. Vorm Servieren abkühlen lassen.
Gutes Gelingen!

Etui für Kosmetiktücher

SIE BRAUCHEN

Stoff für Etui
Stoff für Borte
Stoff für Innenfutter
Bügelvlies
Schachtel mit Kosmetiktüchern
(7 x 11 x 22 cm)

Schneiden Sie ein Teil Stoff, ein Teil Vlies und ein Teil Futterstoff à 31,5 x 36,5 cm zu. Außerdem brauchen Sie zwei Teile Stoff 5,5 x 31,5 cm für die Borte. Bügeln Sie das Vlies hinter den Stoff und legen Sie das Stoffteil auf das Futterteil. Nähen Sie die Borten an die beiden kurzen Seiten (Beschreibung s. S. 12). Falten Sie die Seiten mit der Borte zur Mitte, rechts auf rechts, und nähen Sie die Seiten zusammen (s. Abb.).

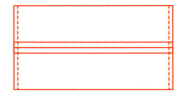

Falten Sie die Ecken wie auf S. 12 beschrieben und nähen Sie eine Quernaht darüber. Den überschüssigen Stoff wegschneiden und die Schnittkanten mit Zickzackstichen versäubern. Den Überzug wenden und bügeln, bevor Sie ihn über die Schachtel mit den Kosmetiktüchern ziehen.

Süßigkeiten dürfen bei einem Picknick nicht fehlen. Schön aufbewahren lassen sie sich wie auf dem Bild zu sehen in einer Variante der Zuckertüte von S. 68. Hier haben wir außerdem ein Stück kartoniertes Papier ausgeschnitten, mit einem Stempelmotiv verziert und es mit Zickzackstichen auf die Zuckertüte genäht.

Rhabarbersaft

1,5 kg roten Rhabarber
4 l Wasser
700 g Zucker
1 Zitrone

Die Rhabarberstangen in Stücke schneiden und alles im Wasser weich kochen. Gießen Sie den Saft anschließend durch ein Sieb und rühren Sie den Zucker ein. Wenn der Zucker sich aufgelöst hat, den Saft einer Zitrone in die Flüssigkeit geben, nochmals alles aufkochen lassen. Danach den Saft in Flaschen füllen.

Anglerglück am Strand

Während die Mädchen im Garten Café spielen, geht unser Kleinster mit seiner Mama an den Strand, um zu angeln und Segelboote aus Treibholz schwimmen zu lassen. Gut, dass Mama schon im Voraus ein paar schöne Fische genäht hat, weil nicht mal ein Zwergdorsch anbeißen will!

Sack für Angelausrüstung

Schneiden Sie ein Stück Stoff für den Sack zu, 80 x 40 cm, und ein Stück Stoff für die Außentasche, 33 x 19 cm. Schneiden Sie zwei Stoffstreifen 6 x 80 cm in einer Kontrastfarbe zu, einen für den oberen Rand des Sackes, einen für die Borte am Sackboden. Schneiden Sie einen Kreis mit einem Durchmesser von 25 cm aus dem gleichen Stoff aus. Für das Innenfutter benötigen Sie außerdem ein Stück Stoff 80 x 40 cm, einen Kreis mit 25 cm Durchmesser, einen Stoffstreifen 5,5 x 33 cm für die Borte der Tasche und zwei Stoffstücke 7 x 8 cm für die Schlaufen, auf die die D-Ringe aufgezogen werden.

Bügeln Sie Vlieseline auf die linke Seite des Sackstoffes und auf den Kreis für den Boden. Nähen Sie eine Borte an den oberen Rand des Stoffs für die Außentasche. Dann die übrigen Seiten der Tasche 1 cm nach hinten umfalten und bügeln. Platzieren Sie die Außentasche in der Mitte des Sackstoffes ganz unten am Rand und nähen Sie sie mit je einer Naht an den Seiten fest. Teilen Sie die Tasche mit zwei senkrechten Nähten in drei Fächer. Bügeln Sie bei einem der langen Stoffstreifen 1 cm nach hinten um. Legen Sie den Stoffstreifen oben auf den Sackstoff, die Faltkante unten, und heften Sie den Streifen am Sack fest. Legen Sie das Stoffstück für den Sack doppelt, rechte Seite innen, und nähen Sie die Rückennaht. Die Nahtzugabe auseinanderbügeln und beidseitig der Naht eine Ziernaht nähen. Die Rückennaht für das Innenfutter genauso nähen, aber schieben Sie vor dem Nähen 6 cm vom oberen Rand eine Schnur für den Schlüsselring zwischen die Stofflagen, und vergessen Sie die Wendeöffnung nicht. Die Nahtzugabe auseinanderbügeln. Sack- und Futterteil ineinanderschieben, rechts auf rechts, und am oberen Rand zusammennähen. Wenden, bügeln und am oberen und unteren Rand des Randstreifens eine Ziernaht um den Sack herumnähen.

SIE BRAUCHEN

Baumwollstoff in verschiedenen Farben
Schnur und kleinen Karabinerhaken
Kräftige Kordel
D-Ringe
Vlieseline
8 Metallösen Durchmesser 12 mm

Nähen Sie die Schlaufen für die Befestigung der D-Ringe wie den Henkel des Aufbewahrungsbeutels für das Bauernschachspiel auf S. 54. Falten Sie die Schlaufen in der Mitte. Nähen Sie nun den Sack und den Boden zusammen. Legen Sie Stoff- und Futterteil der Kreise links auf links aufeinander. Sack- und Bodenfutterstoff müssen gleich groß sein. Nähen Sie die Teile so zusammen, dass die Naht auf der Außenseite liegt und sichtbar ist. Denken Sie daran, vorher die Schlaufen jeweils 9 cm von der Rückennaht (s. Foto) zwischen die Stofflagen zu legen, so dass sie mit festgenäht werden. Nehmen Sie nun den verbleibenden Stoffstreifen und nähen Sie eine Borte um die Bodennaht.

Markieren Sie die Punkte für 8 Metallösen. Die Rückennaht markiert die Mitte der Rückseite, markieren Sie ebenfalls die Mitte vorne und an den Seiten. Jetzt zwischen zwei Markierungen jeweils zwei Ösen platzieren. Der Abstand zwischen den Ösen sollte gleich sein. Die Ösen einschlagen.

Wenn Sie die Schnittstellen der Kordel-Enden verdecken wollen, schneiden Sie dazu zwei Stoffstücke 4 x 5 cm aus. Drei Kanten nach hinten falten und bügeln. Das Stoffstück um das Schnurende wickeln und mit der Hand festnähen (s. Foto oben links).

VERSCHLUSS
Schneiden Sie einen Stoffflicken 6 x 7 cm zu und bügeln Sie Applikationsvlieseline auf die Rückseite. Entfernen Sie das Papier und bügeln Sie die beiden langen Seiten zur Mitte. Nun den Stoff doppelt legen, rechte Seite innen, und entsprechend der Dicke der Kordel zusammennähen. Den Flicken wenden und bügeln, wobei die Naht mittig hinten liegen soll.

Nähen Sie eine Naht, so dass zwei Tunnelsäume entstehen, die so eng sind, dass die Kordel gerade eben noch durchpasst. Befestigen Sie die dicke Kordel an einem der D-Ringe. Dann das andere Ende durch die Öse direkt neben der Rückennaht ziehen. Die Kordel durch die Ösen bis vorne in der Mitte fädeln, wo der »Verschluss« angebracht wird. Ziehen Sie dazu die Kordel durch den einen Tunnelsaum, fädeln Sie einen Schlüsselring auf und schieben Sie dann das Kordel-Ende in die andere Richtung durch den zweiten Tunnelsaum. Weiter durch die restlichen Ösen fädeln bis zum letzten Loch vor der Rückennaht. Das Ende der Kordel an dem zweiten D-Ring am Sackboden befestigen.

Genähte Jeansfische

SIE BRAUCHEN

Jeansstoff
Füllwatte
Kleine Knöpfe
　für Augen
Metallösen

TIPP

Wenn die echten Fische einfach nicht beißen wollen: Aus einem Zweig wird im Handumdrehen eine Angelrute, daran einen kleinen genähten Fisch hängen, und schon gibt es doch ein kleines Fischerglück.

Wählen Sie eine Fischgröße und übertragen Sie sie aus der Vorlage. Schneiden Sie zwei Stoffstücke zu, auf die jeweils eine Fischvorlage passt. Legen Sie die Stoffe mit einer Schicht Füllwatte dazwischen übereinander (rechte Seite außen). Die Vorlage darauflegen und die Lagen entlang der Umrisslinie zusammennähen.

Schneiden Sie den Fisch mit ca. 5 mm Nahtzugabe aus und schneiden Sie um den ganzen Fisch herum mit ca. 5 mm Abstand kleine Kerben in die Nahtzugabe. Achten Sie dabei darauf, nicht in die Naht zu schneiden! Waschen Sie den Fisch in der Waschmaschine, gerne mit anderen Kleidungsstücken, damit die Nahtzugabe schön ausfranst. Kann im Wäschetrockner getrocknet werden. Erst danach die Augen annähen, eine Metallöse (am Maul) einschlagen und einen Bindfaden festknoten.

Die Vorlage finden Sie auf dem Schnittmusterbogen hinten im Buch.

Kaninchen aus Leinen

Legen Sie den Leinenstoff doppelt und übertragen Sie Körper, Arme, Beine und Ohren des Kaninchens. Schneiden Sie den Boden aus einfachem Stoff aus. Nähen Sie Arme und Beine an den Umrisslinien zusammen und schneiden Sie die Teile aus, denken Sie bei den oberen Öffnungen an die extra Nahtzugabe. Die Nahtzugabe sauber abschneiden und kleine Kerben hineinschneiden. Arme und Beine wenden und bügeln. Füllen Sie die Beine bis zu der gestrichelten Linie in der Vorlage und nähen Sie eine Naht quer über die Beine, ehe Sie den Rest füllen. Nun die Arme mit Watte füllen. Nähen Sie den Körper bis an die Ohren zusammen (in der Vorlage mit »X« markiert) und denken Sie an die Wendeöffnung im Rücken. Schieben Sie die Beine beidseitig der Bauchnaht in den Körper, so dass sie aus der Wendeöffnung ragen. Jetzt so anheften, dass sie nicht verrutschen, wenn der Boden angenäht wird. Nähen Sie den Boden rechts auf rechts an den Körper. Nähen Sie die beiden anderen Ohrenteile am unteren Rand zusammen (s. Abb. A) und dann mit den Ohren am Kaninchenkörper zusammen (s. Abb. B). Den Körper wenden und den Boden mit Granulatkügelchen (oder Reis) füllen, damit er schwer genug wird, um allein z. B. auf einem Regalbrett sitzen zu können. Den Rest des Körpers mit Watte füllen und die Wendeöffnung zunähen. Die Arme per Hand an den Körper nähen. Nase, Schnauze und Pfoten auf Hände und Füße sticken. Als Augen kleine Perlen annähen.

HOSE

Legen Sie den Stoff doppelt und die mit Stoffbruch gekennzeichnete Seite der Vorlage auf den Stoffbruch des Stoffes. Schneiden Sie die Teile für die Hose und das Futter aus. Nähen Sie vorne eine Tasche und hinten zwei Taschen auf. Wir haben hier die Taschenflicken aus einem ausrangierten Jeanshemd ausgeschnitten. Die vordere Tasche misst 6 x 8 cm. Legen Sie die Tasche 8 cm vom oberen Rand entfernt mittig auf das Vorderteil und nähen Sie sie mit einer auf der rechten Seite sichtbaren Naht an. Kleine Kerben in die Nahtzugabe schneiden. Die Gesäßtaschen nach der Vorlage ausschneiden, mit einer sichtbaren Naht annähen und kleine Kerben in die Nahtzugabe schneiden. Die Hose auf links drehen und die Seitennähte schließen. 1 cm vom unteren Hosenrand entfernt eine Naht nähen und die Nahtzugabe einschneiden. Die Hose glatt streichen und einen Mittelsaum zwischen den Beinen nähen. Die Schnittkante mit Zickzackstichen versäubern. Kleine Kerben in die Nahtzugabe schneiden. Das Futterteil an den Seiten zusammennähen. Futter- und Hosenteil rechts auf rechts ineinanderschieben und die Enden der Hosenträger (2 Bänder à 15,5 cm) vorne und hinten zwischen die Stofflagen schieben (auf dem Rücken über Kreuz). Nähen Sie die Teile zusammen und schneiden Sie kleine Kerben in die Nahtzugabe. Wenden und bügeln. Zwei parallele Ziernähte (0,7 cm Abstand) um den oberen Rand herumnähen. Um den Hosenbund hinten etwas zu kräuseln, ziehen Sie eine Schnur in den Tunnelsaum zwischen den Ziernähten, straffen ihn ein wenig und vernähen die Enden an den Seiten. Vorne auf die Hosenträger zwei Knöpfe nähen. Waschen Sie die Hose, damit die Nahtzugaben schön ausfransen.

Die Vorlage finden Sie auf dem Schnittmusterbogen hinten im Buch.

SIE BRAUCHEN

Leinenstoff für Körper
Jeansstoff für Hose
Band
Füllwatte
Perlen für die Augen
DMC-Stickgarn, rosa und schwarz
Knöpfe

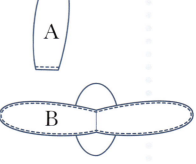

Für das Halstuch schneiden Sie ein passendes dreieckiges Stück Stoff aus.

Segelboote aus Treibholz

Suchen Sie ein geeignetes Stück Treibholz für ein Boot. Bohren Sie ein Loch in der Dicke des Zweiges, der als Mast fungieren soll. Kleben Sie Mast und Holzstück mit einer Klebepistole zusammen. Schneiden Sie zwei dreieckige Stoffstücke für die Segel aus. Richten Sie sich mit der Größe nach der Länge des Mastes (s. Foto). Mit einer Stopfnadel lässt sich die Bindfaden-Takelage am besten durch den Stoff ziehen. Am Mast festknoten. Die Fadenenden können gerne lose hängen bleiben. Schlagen Sie vorne und hinten einen kleinen Nagel in das Boot, an dem das Segel verknotet werden kann. Befestigen Sie nun noch einen kleinen dreieckigen Wimpel an der Mastspitze.

SIE BRAUCHEN

Treibholz
Ausgeblichenen Zweig
   oder Stock
Baumwollstoff
Bindfaden und kleine Nägel

Angelkarte für kleine Fischer

Schneiden Sie ein Stück helles kartoniertes Papier 15,5 x 22 cm zu. Falten Sie die Karte in der Mitte (s. Foto). Schneiden Sie ein 8,5 x 13 cm großes Rechteck aus Dekopapier aus. Kleben Sie das Dekopapier auf kontrastfarbigen Karton und beschneiden Sie die Kante des Kartons so, dass ein 2 mm breiter Rahmen um das Dekopapier entsteht. Auf die Vorderseite der Klappkarte kleben. Schneiden Sie ein Namensschild von 3 x 5 cm aus hellem Kartonpapier aus und kleben Sie es auf kontrastfarbiges Kartonpapier, wie das Dekopapier. Stechen Sie mit einer Stopfnadel drei Löcher in den unteren Rand des Namensschildes. Malen oder stempeln Sie drei Fische auf kartoniertes Papier und schneiden Sie sie aus. Befestigen Sie die Fische mit dünnem Basteldraht an dem Namensschild. Malen oder stempeln Sie eine Angel auf die Vorderseite (s. Foto) und kleben Sie zum Schluss das Namensschild mit Klebepads auf die Karte.

Maritim und sommerlich

Nach einem herrlichen Tag am Strand macht es besonders Freude, gute Freunde zum Essen einzuladen. Wir haben den Tisch und das Drumherum mit unseren selbstgemachten maritimen Lieblingsstücken dekoriert. Besonders effektvoll und ganz einfach ist der schlichte Kronleuchter mit Teelichtern und hübschen Muscheln. Er sorgt für gemütliche Stimmung, wenn es dunkel wird. Genauso gut kann er natürlich an einem Ast über einem Gartentisch aufgehängt werden.

Tisch-Sets

Die Vorlage finden Sie auf dem Schnittmusterbogen hinten im Buch.

SIE BRAUCHEN

Baumwollgarn (Punto)
Häkelnadel Stärke 5
Baumwollstoff
DMC Stickgarn

Lesen Sie das Kapitel »Kleine Häkelschule« auf S. 9, bevor Sie anfangen. Das hier verwendete Baumwollgarn heißt Punto, aber Sie können genauso gut Garn verwenden, das mit der Strickdichte 18 Maschen x 26 Reihen = 10 x 10 cm für die Häkelnadel der Stärke 5 ergibt. Es wird mit doppeltem Faden gehäkelt. Die Maße des Tisch-Sets sind 35 x 47 cm.

Häkeln Sie 67 Lftm.
1. Reihe: 1 Lftm, 1 feM in jede Lftm.
2. Reihe: 1 Lftm, 1 feM in jede M der vorigen Reihe. Die feM wird durch den vorderen Teil des Maschenkopfes gehäkelt. So bekommt die Häkelarbeit ihr streifiges und strukturiertes Aussehen.

Übertragen Sie die Vorlage für das Segelboot oder einen Seestern auf Stoff und Vliesofix. Zu Applikationen lesen Sie auch S. 12. Bügeln Sie das Motiv auf das Set und umsticken Sie die Konturen im Langettenstich.

Seesterne

SIE BRAUCHEN

Baumwollstoff
Füllwatte

Legen Sie den Stoff doppelt, rechte Seite innen, und übertragen Sie die Vorlage. An die Wendeöffnung denken. Nähen und ausschneiden. Kleine Kerben in die Nahtzugabe schneiden. Wenden und bügeln. Den Stern mit Watte füllen und die Wendeöffnung vernähen.

Einfacher Muschelkronleuchter

SIE BRAUCHEN

Kräftigen Stahldraht
Bindfaden oder Makrameeschnur
Häkelnadel
Muscheln
Teelichter
Kleine Gläser mit Drahtaufhängevorrichtung

Formen Sie aus dem Stahldraht einen großen Ring. Häkeln Sie mit Bindfaden oder Makrameeschnur feste Maschen um den Ring (s. S. 9 »Kleine Häkelschule«). Mit dem gleichen Faden die Gläser für die Teelichter und die Muschelbänder an den Kranz binden. Knoten Sie in gleichmäßigem Abstand vier Aufhänger an den Ring. Die Fäden großzügig lang zuschneiden, damit man die Höhe des Kronleuchters individuell an die Stelle anpassen kann, wo er aufgehängt werden soll.

Länglicher Brotsack

Schneiden Sie vier Teile Stoff 20 x 43 cm aus. Schneiden Sie die Ecken aller vier Teile heraus, wie in der Abb. zu sehen. Bügeln Sie Taschenvlies auf die Rückseite von zwei Stoffstücken. Legen Sie die beiden wattierten Stoffe rechts auf rechts aufeinander und nähen Sie die kurzen Seiten und den Boden zusammen. Verfahren Sie genauso mit den beiden anderen Stoffteilen, aber lassen Sie eine Wendeöffnung im Boden frei. Bügeln Sie die Nahtzugaben auseinander und nähen Sie auf beiden Seiten aller Nähte (außer der mit der Wendeöffnung) von der rechten Seite eine Ziernaht. Nähen Sie nun die Ecken. Schieben Sie die Beutel ineinander, rechts auf rechts, Schnittkante auf Schnittkante, und nähen Sie die Beutel zusammen. Sie können an einer Kurzseite z. B. die Gürtelschlaufe einer Jeans in die Naht mit einnähen (s. Foto). Sack wenden, bügeln und eine Ziernaht um den oberen Rand nähen, bevor Sie, wenn Sie mögen, eine Reihe Kreuzstiche als Verzierung anbringen (s. Foto). Die Wendeöffnung zunähen.

SIE BRAUCHEN

Abgetragene, gewaschene Jeans
Taschenvlies
DMC Stickgarn

Miriams Sonnen-blumenkernbrot

2 Brote

Die Hefe in eine Schüssel krümeln. Die warme Mischung aus Wasser und Milch (37 °C) dazugießen. Salz, Zucker und Öl untermengen. Das grobe Mehl und die Sonnenblumenkerne unterheben. So viel Mehl im Teig verarbeiten, bis er geschmeidig ist und sich vom Schüsselrand löst. Lassen Sie den Teig unter einem Küchentuch auf die doppelte Größe gehen. Legen Sie den Teig auf eine bemehlte Arbeitsfläche und teilen Sie ihn in zwei gleich große Hälften. Formen Sie zwei Brote und legen Sie sie in eingefettete Brotformen (Volumen 2 kg). Lassen Sie die Brote unter einem Tuch noch einmal 30–45 Min. gehen. Backen Sie dann die Brote auf der unteren Schiene ca. 1 Std. bei 200 °C. Die Brote anschließend nach wenigen Minuten aus der Form nehmen und auf einem Rost unter einem Tuch abkühlen lassen. Viel Erfolg!

1 Pck. frische Hefe
900 ml Flüssigkeit
 (halb Milch,
 halb Wasser)
1,5 TL Salz
2 TL Zucker
3 EL Sonnenblumenöl
300 g Sonnenblumenkerne
500 g groben Weizenschrot
400 g feinen Roggenschrot
ca. 1,4 kg Weizenmehl

Gehäkelte Kissenhülle

VORDERSEITE

Häkeln Sie 112 Lftm.

1. Reihe: 3 Lftm, 4 DpStb in 2 Lftm, *1 Lftm, 4 DpStb in gleiche Lftm – mit 4 Lftm Abstand von voriger Stb-Gruppe*, von * bis * 21x wiederholen, 1 Lftm, 1 DpStb.

2. R.: 112 Kettm.

Farbe wechseln.

3. R.: 4 Lftm, *4 DpStb um Lftm-Bog der vorigen R., 1 Lftm*, von * bis * 21x wiederholen, 5 DpStb um letzte Lftm aus 1. R.

4. R.: 112 Kettm.

Farbe wechseln.

5. R.: 3 Lftm, 4 DpStb um 1. Lftm aus 3. R. *1 Lftm, 4 DpStb um Lftm*.

2. bis 5. R. wiederholen. Häkeln, bis Sie 35 Reihen haben.

BORTE UM DIE KISSENHÜLLE

1. R.: eine Runde feM um das ganze Kissen häkeln (113 feM an jeder Seite).

2. R.: * 1 Kettm, eine M überspringen, 5 Stb in nä M, 1 M überspringen*.

Von * bis * um das ganze Kissen herum wiederholen.

Die Fäden vernähen und das Kissen leicht mit einem feuchten Tuch dämpfen.

RÜCKENTEIL

Schneiden Sie ein Teil Stoff mit den Maßen 25,5 x 51,5 cm zu und ein Teil Stoff 40 x 51,5 cm. Bügeln Sie bei beiden Stoffteilen eine Langseite 5 cm nach hinten um. Schlagen Sie die Schnittkante 1 cm unter den Umschlag. Bügeln. Nähen Sie den Saum mit einer Naht am unteren Rand fest. Nähen Sie in den einen Saum vier Knopflöcher und an den anderen vier Knöpfe. Knöpfen Sie die Teile zusammen und versäubern Sie alle Seiten des Rückenteils mit Zickzackstich. Legen Sie Rückenteil und Vorderseite rechts auf rechts aufeinander und nähen Sie die Teile in den festen Maschen zusammen, die um die Kissenhülle gehäkelt wurden.

Lesen Sie das Kapitel »Kleine Häkelschule« auf S. 9, bevor Sie anfangen.

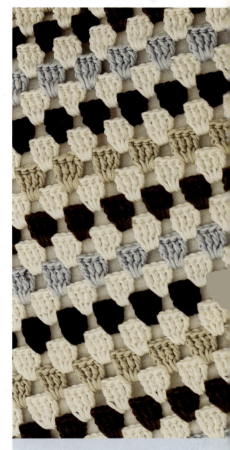

SIE BRAUCHEN

Häkelgarn, fünf verschiedene Farben
Häkelnadel Stärke 3
Stoff für Rückenteil
Knöpfe

Wir haben die Vorderseite mit Mandarin Classic von SandnesGarn gehäkelt, das Rückenteil ist aus Baumwollstoff.

Jeanstasche

Die Vorlage finden Sie auf dem Schnittmusterbogen hinten im Buch.

SIE BRAUCHEN

Jeansstoff in verschiedenen Farben
(gern von ausgedienten Jeanshosen)
Geblümten Baumwollstoff für Innenfutter
DMC Stickgarn
Taschenvlies
Muscheln als Dekoration
Schnur und Schlüsselring

Waschen und bügeln Sie den Stoff, der für das Innenfutter vorgesehen ist. Viel getragene und oft gewaschene Jeans laufen nicht mehr ein. Übertragen Sie alle Motivteile aus der Vorlage. Legen Sie den Jeansstoff doppelt. Schneiden Sie die Vorlage Nr. 2 dreimal in unterschiedlichen Farbtönen aus. Vorlage Nr. 1 wird einmal ausgeschnitten, ebenso der Kreis für den Boden, die anderen Bodenteile zweimal. Das Henkelstück einmal ausschneiden.

Schneiden Sie nun den Stoff für das Innenfutter zu. Legen Sie den Stoff doppelt und schneiden Sie ihn auf 41 x 41 cm zu. Legen Sie das Vorlagenteil Nr. 1 auf den Stoff am Rand an und schneiden Sie an der geschwungenen Linie entlang. Denken Sie an die Nahtzugabe. Die Teile für den Henkel und Boden einmal ausschneiden. Ein Stück Stoff für die Tasche 15 x 22 cm zuschneiden.

Beginnen Sie mit dem Jeansstoff und dort mit dem Boden der Tasche. Taschenvlies auf die Rückseite eines Bodenkreises bügeln, den zweiten Kreis auf das Vlies legen und die Lagen mit ein paar Stichen zusammenheften, damit sie nicht verrutschen. Nun die Lagen mit der Nähmaschine quilten (s. Foto). Nähen Sie die vier Stoffteile zusammen, die den erweiterten Boden bilden. Bügeln Sie die Nahtzugaben auseinander und nähen Sie auf beiden Seiten aller vier Nähte Ziernähte von der rechten zur linken Seite. Nähen Sie die beiden Bodenteile zusammen. Bügeln Sie die Nahtzugaben vom Kreis nach außen. Nähen Sie eine Ziernaht von rechts über der Naht um den Bodenkreis. Nähen Sie die Stoffteile mit der gleichen Farbnuance zusammen (s. Abb. A). Jetzt haben Sie vier Teile, die zum Taschenteil zusammengesetzt werden. Bügeln Sie die Nahtzugaben auseinander und nähen Sie beidseitig aller Nähte eine Ziernaht. Die Taschenteile zusammennähen. Schieben Sie den Teil, der den Henkel bekommt, über den nächsten Teil, Naht auf Naht, rechte Seite außen, so dass die Streifen sich 1,5 cm überlappen. Nähen Sie die Teile 0,7 cm von der Schnittkante des oben liegenden Stoffstreifens entfernt mit einer Naht zusammen. Verfahren Sie ebenso mit den restlichen Teilen. Taschenteil und Boden wie folgt zusammennähen: Wenden Sie die Tasche und legen Sie die Teile rechts auf rechts aneinander, Naht auf Naht, und nähen Sie sie zusammen. Bügeln Sie die Nahtzugabe nach außen und nähen Sie von der rechten Seite eine Ziernaht an der Naht über dem Bodenteil entlang. Nähen Sie den Henkel an, bügeln Sie die Nahtzugaben auseinander und nähen Sie auf beiden Seiten der Naht eine Ziernaht. Sticken Sie um den unteren Rand zweier Stoffstreifen eine Reihe Kreuze (s. Foto).

Kreuzknoten

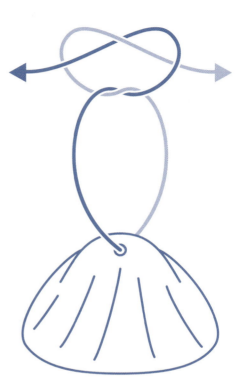

A

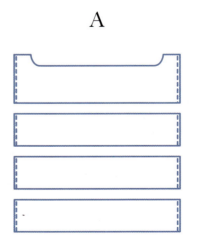

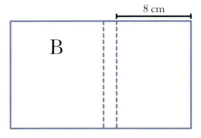

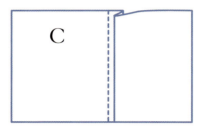

FUTTER

Beginnen Sie mit der Tasche. 2,5 cm der einen Langseite einfalten und einen Saum nähen. Die anderen Seiten 1 cm umfalten. Die Tasche auf die rechte Seite des Futterstoffes legen, 8 cm unterhalb des oberen Taschenrandes, und ein schmales Stiftfach nähen, Breite 2,5 cm (s. Abb. B). Falten Sie 1 cm vor dem Stiftfach eine Falte (s. Abb. C). Nähen Sie die Tasche fest. Nähen Sie die Seitennähte des Innenfutters, wobei Sie ca. 10 cm vom oberen Rand eine Schnur für den Schlüsselring in die Naht einarbeiten.

Wenden und bügeln. Kräuselfäden am Rand des Bodens einnähen. Kräuseln Sie die Fäden und passen Sie den Umfang des Kreises so an, dass beide Teile zusammenpassen. Legen Sie die Stoffteile rechts auf rechts aneinander und nähen Sie sie zusammen. Den Henkel annähen.

Das Futter in die Jeanstasche stecken, rechte Seite außen, und mit einer Naht am oberen Rand der Tasche am Henkel entlang zusammennähen. Schneiden Sie mit 0,5 cm Abstand um die ganze Öffnung auf beiden Seiten kleine Kerben in die Nahtzugabe, ebenso in die sichtbaren Nahtzugaben zwischen den unterschiedlich farbigen Jeansstreifen. Waschen Sie die Tasche (gern mit anderen Kleidungsstücken ähnlicher Farbe) und stecken Sie sie in die Trockentrommel, um der Tasche einen schön »gebrauchten« Touch zu geben. Nähen Sie in der Mitte zwischen den Henkeln einen Magnetknopf an den oberen Innenrand der Tasche. Verzieren Sie die Tasche außen mit Muscheln. Muscheln aus dem Bastelladen haben meistens schon Löcher, aber Sie können die Muscheln natürlich auch selber sammeln und die Löcher mit einem 1,5 mm dicken Bohrer hineinbohren. Ziehen Sie mit einer Stopfnadel eine dünne Schnur durch den Stoff und knoten Sie die Muscheln daran. Lassen Sie die Schnurenden ruhig offen hängen, das verstärkt den rustikalen Eindruck.

Gehäkelte Muschelkette

Suchen Sie sich die Muscheln aus, die Sie für die Kette verwenden wollen, und bohren Sie kleine Löcher hinein. Legen Sie dazu die Muscheln mit der Wölbung nach unten auf ein Holzbrett. Knoten Sie die Muscheln mit Kreuzknoten (s. Abb. oben auf S. 105) an einen Faden. Wählen Sie den Abstand zwischen den Muscheln und knoten Sie so viele Muscheln daran, wie die Kette lang sein soll. Die Schnurenden sollten an beiden Enden mindestens 15 cm lang sein. Einen neuen Faden nehmen, 8 Lftm häkeln und mit 1 Kettm in 1. Lftm zu einem Kreis schließen (s. S. 9 »Kleine Häkelschule«). Damit haben Sie eine Schlaufe, die später einen Teil des Verschlusses der Kette ausmacht. Häkeln Sie nun feste Maschen um den Faden mit den Muscheln. Etwas über dem Fadenende beginnen, damit Sie etwas zum Festhalten haben. Häkeln Sie bis zum Knoten mit einer Muschel und daran vorbei. Häkeln Sie so lange weiter, bis Sie an der letzten Muschel vorbei sind. Jetzt achten Sie darauf, dass Sie etwa gleich weit über die Muschel hinaus häkeln, wie Sie vor der ersten Muschel gehäkelt haben. Den Faden abschneiden und durch die letzte Masche ziehen. Knoten Sie eine kleine Muschel oder ein Schneckenhaus (als Verschluss) an das Fadenende und sichern Sie die Kette mit einem festen Knoten. Alle Fadenenden vernähen.

SIE BRAUCHEN

Muscheln in allen mögliche Formen und Größen
Dünnen Bindfaden oder Hanffaserschnur
Häkelnadel (Stärke nach Belieben)
Bohrmaschine mit Bohrer Durchmesser 1,5 mm

TIPP

Genauso können Sie auch eine Fußkette häkeln. Passen Sie dafür die Länge der Schnur an das Fußgelenk an.

Wir wünschen einen schönen Sommer!
Tone und Miriam

Die Utensilien und Materialien für dieses Buch
haben wir aus folgenden Läden und Onlineshops zusammengestellt:

Husfliden Oppdal
Dovreveien 10
7340 Oppdal

Stoff og Stil
Postf. 695 – Strømsø
3003 Drammen
www.stoffogstil.no

Panduro Hobby
Hauptgeschäft:
Nordkilen 4 A
1621 Gressvik
www.panduro.no

Kathrines Quiltestue
Frederik Stansgate 41
0258 Oslo
http://katrinesquiltestue.
blogspot.com

Adressen und Bezugsquellen

Das Angebot an Stoffen und Dekorationsmaterialien wechselt ständig. Sollte etwas aus diesem Buch einmal nicht aufzutreiben sein, lässt sich mit ein wenig Phantasie aber bestimmt eine schöne Alternative finden. Hinzu kommt, nicht immer hat man in der Nähe ein gut sortiertes Hobbygeschäft oder einen Stoffladen. Aber zum Glück lassen sich mittlerweile auch im Internet so ziemlich alle Dinge erstehen, die das Näh- und Bastelherz begehrt. Im Folgenden finden Sie deshalb sowohl Ladenempfehlungen als auch eine Reihe von Tipps für Onlineshops zum Stöbern.

Stoffe und Nähzubehör

CHARLOTTA'S
Zauberhafte Stoffe
Eppendorfer Weg 229
20251 Hamburg
www.charlottas.de

FRAU TULPE
Veteranenstraße 19
10119 Berlin
und neu:
Große Bergstraße 231
22767 Hamburg
www.frautulpe.de

STOFFEMEYER
Brunnenstaße 165
10119 Berlin
www.stoffemeyer.de

STOFFEKONTOR
Druckereistraße 4
04159 Leipzig
www.stoffekontor.de

Besonders hübsche, individuelle Webbänder, z. B. für Webetiketten, gibt es bei
www.farbenmix.de

Stempel u. v. m.

Schöne Motivstempel finden Sie u. a. unter
www.dawanda.com
www.idee-shop.de
www.pandurohobby.de

Papeterie

SCATOLINA
Almstadtstraße 3
10119 Berlin
www.scatolina.de

SEMIKOLON
Hohenzollernstraße 65
80796 München
http://semikolon-onlineshop.com

Impressum

**Bibliografische Information
der Deutschen Nationalbibliothek**
Die Deutsche Nationalbibliothek verzeichnet diese Publikation in der Deutschen Nationalbibliografie; detaillierte bibliografische Daten sind im Internet über http://dnb.d-nb.de abrufbar.

© 2011 Droemersche Verlagsanstalt
Th. Knaur Nachf. GmbH & Co KG, München
Alle Rechte vorbehalten.

Das Werk einschließlich aller seiner Teile ist urheberrechtlich geschützt. Jede Verwertung außerhalb des Urheberrgesetzes ist ohne Zustimmung des Verlages unzulässig und strafbar. Das gilt insbesondere für Vervielfältigungen, Übersetzungen, Mikroverfilmungen und die Einspeicherung und Verarbeitung in elektronischen Systemen.

Es ist deshalb nicht gestattet, Abbildungen dieses Buches zu scannen, in PCs oder auf CDs zu speichern oder in Computern zu verändern oder einzeln oder zusammen mit anderen Bildvorlagen zu manipulieren, es sei denn mit schriftlicher Genehmigung der GmbH.
Bei der Anwendung in Beratungsgesprächen, im Unterricht und in Kursen ist auf dieses Buch hinzuweisen.

Jede gewerbliche Nutzung der Arbeiten und Entwürfe ist nur mit Genehmigung von Verfasserinnen und Verlag gestattet.

Wichtiger Hinweis
Die im Buch veröffentlichten Ratschläge wurden von Verfasserinnen und Verlag mit größter Sorgfalt erarbeitet und geprüft. Eine Garantie kann jedoch nicht übernommen werden. Ebenso ist eine Haftung der Verfasserinnen bzw. des Verlages und seiner Beauftragten für Personen-, Sach- oder Vermögensschäden ausgeschlossen.

Copyright der Originalausgabe:
© Cappelen Damm 2010, Norway
www.cappelendamm.no

Titel der Originalausgabe: Vårgleder

Alle modeller og mønster:
Miriam N. Morken og Tone M. Stenkløv

Foto: Helge Eek
Styling: Hege Barnholt
Bokdesign: Charlotte.no
Redaktør: Toril Blomquist
Repro: Narayana Press

Deutsche Ausgabe:
Projektleitung: Anja Fuhrmann
Übersetzung: Maike Dörries
Herstellung: Veronika Preisler
Satz: Wilhelm Vornehm, München

Umschlaggestaltung: griesbeckdesign, München

Druck und Bindung: Offizin Andersen Nexö Leipzig GmbH, Zwenkau

Printed in Germany

ISBN 978-3-426-64710-3

5 4 3 2 1

Bitte besuchen Sie uns auch im Internet unter der Adresse:
www.knaur-kreativ.de